Preconceito contra homossexualidades:
A hierarquia da invisibilidade

EDITORA AFILIADA

Conselho Editorial de Educação:
José Cerchi Fusari
Marcos Antonio Lorieri
Marli André
Pedro Goergen
Terezinha Azerêdo Rios
Valdemar Sguissardi
Vitor Henrique Paro

Dados Internacionais de Catalogação na Publicação (CIP)
(Câmara Brasileira do Livro, SP, Brasil)

Prado, Marco Aurélio Máximo
    Preconceitos contra homossexualidades : a hierarquia da invisibilidade
/ Marco Aurélio Máximo Prado, Frederico Viana Machado. — 2. ed. —
São Paulo : Cortez, 2012. -- (Coleção preconceitos ; v. 5)

    Bibliografia
    ISBN 978-85-249-1897-1

    1. Homossexualidade 2. Homossexualidade - Aspectos sociais 3. Pre-
conceitos I. Machado, Frederico Viana. II. Título. III. Série.

12-02916   CDD-305.90664

Índices para catálogo sistemático:
    1. Preconceito contra homossexualidades :
        Sociologia   305.90664

Marco Aurélio Máximo Prado
Frederico Viana Machado

Preconceito contra homossexualidades:
A hierarquia da invisibilidade

2ª edição

PRECONCEITO CONTRA HOMOSSEXUALIDADES
A hierarquia da invisibilidade (col. Preconceitos – v. 5)
Marco Aurélio Máximo Prado • Frederico Viana Machado

Capa: aeroestúdio
Preparação de originais: Ana Maria Barbosa
Revisão: Lucimara Carvalho
Composição: Linea Editora Ltda.
Coordenação editorial: Danilo A. Q. Morales

Nenhuma parte desta obra pode ser reproduzida ou duplicada sem autorização expressa dos autores e do editor.

© 2008 by Autores

Direitos para esta edição
CORTEZ EDITORA
Rua Monte Alegre, 1074 – Perdizes
05014-001 – São Paulo-SP
Tel. (11) 3864-0111   Fax: (11) 3864-4290
e-mail: cortez@cortezeditora.com.br
www.cortezeditora.com.br

Impresso no Brasil – junho de 2012

Sumário

Introdução 7

1. Homossexualidades e sociedade: tensões entre o
público e o privado 11

2. Homossexualidades na história: alguns discursos
sobre as sexualidades 28

3. Fragmentos de um campo de estudo: gênero, *queer* e
diversidade sexual 43

4. Preconceito, invisibilidades e manutenção das
hierarquias sociais 67

5. Entre o cotidiano e avenidas: movimentos
sociais GLBTs 83

6. Para continuidades... 119

Referências bibliográficas 129

Glossário 141

Introdução

A sexualidade humana é uma dimensão da experiência social permeada por inumeráveis questões. Através dela, todo um universo de desejos, crenças e valores são articulados, definindo um amplo espectro do que entendemos como sendo a nossa identidade. Todavia, como veremos, esse jogo não se faz à margem da história; muito pelo contrário, ele se fabrica no intercâmbio de significados e contextos que ocorre entre o "eu" e o "outro", o "eu" e o "nós", o "nós" e o "eles", enfim, acontece na troca reinterpretativa de significados e interações sociais e institucionais que criam posições sociais e, consequentemente, posições identitárias e políticas.

As sexualidades sempre participaram da estruturação das hierarquias sociais, fazendo parte do debate político. Vários historiadores e tratados bibliográficos que retomam os tempos históricos evidenciam a intensidade e os caminhos pelos quais as formas de sexualidades são e foram objeto de disputa, de controle social e individual, de emancipação ou violência contra a pessoa humana. O desafio deste livro é compreender como estas formas de significação da sexualidade se entrelaçam em um emaranhado visível e invisível no cotidiano de todos nós.

Uma vez que compreendemos que este debate é, por princípio, provisório e inacabado, apresentamos este livro que pretende introduzir o leitor em um conjunto de literaturas, pesquisas e debates que não só abarcam os temas relativos à sexualidade e à orientação sexual,[1] mas também colaboram na construção de uma sociedade mais justa, dando visibilidade às formas de enfrentamento do preconceito sexual, participando ativamente do processo de democratização de nossa sociedade. Assim, nosso objetivo aqui não é discutir as homossexualidades como fenômenos isolados, mas sim a relação entre homossexualidades e a inferiorização social a que muitas pessoas estão submetidas cotidianamente, do ponto de vista público e político.

Podemos afirmar então que discutir as sexualidades envolve mais temas do que podemos abordar neste espaço, motivo pelo qual faremos um desenho circunscrevendo as formas de orientação sexual em torno das homossexualidades e as questões políticas e identitárias envolvidas nessas relações privadas e públicas na sociedade contemporânea, já que é a partir da politização das sexualidades que podemos observar o preconceito e os enfrentamentos em torno da visibilidade e dos direitos homossexuais.

Este livro que ora apresentamos está articulado em seis capítulos que objetivam sustentar o argumento de que o preconceito, como um mecanismo social, colabora e produz formas subalternas de cidadania e que o enfrentamento contra estas subalternidades exige um alargamento do campo do político.

O Capítulo 1 é a apresentação do argumento principal do livro ou o limite e a expansão do debate que ele enfoca. Introduzimos a discussão da homossexualidade no âmbito da política e, para tal, lançamos mão de dois conceitos fundamentais: o de política e o de identidade. Seu argumento principal é que a experiência homossexual tensiona os limites historicamente estabelecidos entre as experiências privada e pública nas sociedades atuais.

---

1. Embora muitas questões aqui discutidas sejam comuns, ressaltamos que as temáticas concernentes à identidade de gênero de travestis e transexuais carecem de reflexões específicas.

No Capítulo 2, para compreensão do lugar de subalternidade em que as homossexualidades estão inseridas, retomaremos os principais debates históricos sobre a diversidade sexual e alguns modelos de explicação da sexualidade humana. Serão apresentados alguns dos principais argumentos que posicionaram as homossexualidades no campo do debate público, seja científico ou moral. A partir daí, o leitor poderá seguir os nossos argumentos, os quais defendem que o preconceito é um instrumento importante na manutenção das hierarquias sociais. Em seguida, no Capítulo 3 apresentamos alguns fragmentos de importantes estudos sobre *gays*, lésbicas, bissexuais, travestis e transgêneros, que têm consubstancializado um campo de pesquisa e intervenção dos mais dinâmicos e criativos nas últimas décadas.

No Capítulo 4 explicitamos uma abordagem sobre o preconceito e a sua relação com a manutenção da subalternidade. Aqui a principal questão focada se baseia na ideia de que o preconceito, como um mecanismo psicológico e social, sustenta e é sustentáculo de formas de criminalização, classificação social e hierarquização das experiências da diversidade. No Capítulo 5 fazemos uma apresentação daquele que entendemos como um ator político fundamental no enfrentamento da inferiorização social a que homossexuais estão submetidos, além de ser, sem dúvida, um dos mais expressivos movimentos de enfrentamento do preconceito com relação à diversidade sexual: os movimentos GLBTs. Fazemos uma rápida apresentação da emergência deste ator político e das novas configurações político-culturais que, através da ação social de inúmeros grupos, organizações não governamentais e movimentos sociais, se evidenciam atualmente como um importante agente de democratização do espaço público brasileiro. E, por fim, mas sem conclusões, indicamos uma lista de recursos para a continuidade dos estudos sobre as diversas problemáticas que envolvem atualmente as homossexualidades.

O leitor aqui não é só convidado a navegar pelas palavras e pensamentos dos autores, mas é também convocado a reescrever nossas posições, criticá-las e, portanto, dialogar conosco, pois o enfrentamento do preconceito e a democratização das hierarquias sexuais não se dão somente por consensos científicos ou aparatos legais, mas sobretudo pelo fomento de uma nova cultura política embasada na conscientização social dos indivíduos participantes de determinada comunidade política.

Tomando este livro como um início desse diálogo, não poderíamos deixar de agradecer a participação de muitas pessoas que aqui iniciaram esta trajetória conosco, seja pela experiência que publicizam como militantes homossexuais, seja pela colaboração imediata às principais ideias de nosso trabalho. Agradecemos aos militantes GLBT da cidade de Belo Horizonte, pois eles não nos permitem descansar nas carteiras do mundo acadêmico. Aos alunos do Núcleo de Pesquisa em Psicologia Política (NPP) e do Núcleo de Pesquisa em Direitos Humanos e Cidadania GLBT (NUH) da UFMG, que não nos permitem acalmar em nossa militância. Ao CNPq e à Capes, que colaboraram para a realização de pesquisas sobre esta temática, e à Fundação de Amparo à Pesquisa do Estado de Minas Gerais que tem sido uma importante parceira neste percurso.

Dedicamos este trabalho a todos aqueles que lutam pela dignidade GLBT em todos os âmbitos da vida social e a recolocam no âmbito da política como uma denúncia à hierarquia criada pela invisibilidade. Ainda nos cabe agradecer a algumas pessoas pela inestimável colaboração: Carlos Arão Martins de Araújo, Cláudia Mayorga, Cornelis van Stralen, Cristiano Rodrigues, Eloíza Lagaris, Frederico Alves Costa, Manuela de Sousa Magalhães, Marco Antonio Torres, Otacílio de Oliveira Junior e Vanessa Andrade de Barros. Agradecemos o cuidado da Editora Cortez e dos responsáveis por esta Coleção.

Capítulo 1

Homossexualidades e sociedade: tensões entre o público e o privado

Baseado nas lógicas de *superiorização e inferiorização* dos grupos sociais, o espaço público no Brasil tem se caracterizado como hierarquizado e autoritário (Chaui, 2000; 2007). Este é um tema bastante amplo para aprofundarmos aqui, mas que se torna relevante na medida em que esta lógica de hierarquização segue uma cadeia de valores hegemônicos que contribuirá para o posicionamento dos sujeitos homossexuais em lugares de subalternidade, ainda que estes lugares estejam disfarçados muitas vezes pela lógica da excentricidade e pelo preconceito.

O que importa revelar é que, segundo dados disponíveis no Brasil, ainda se mata mais homossexuais do que em todos os outros países do mundo (Mott, 2000a; 2002). Desse modo, a lógica da superiorização e da inferiorização dos grupos sociais se traduz em um *conjunto de práticas sociais* capaz de inserir pública e socialmente determinadas categorias sociais de formas subalternas em nossas sociedades.

Para abarcar os dilemas de nosso tempo, é necessário compreendermos a pluralidade das sexualidades e das orientações sexuais e suas implicações políticas, que ensejam infindável debate e lutas sociais contundentes em torno da politização da vida sexual e da sexualização da vida pública de uma sociedade. Não foi por acaso que as sexualidades se transformaram em objeto de luta política e social no Brasil dos últimos anos, mas possivelmente porque formas de subordinação foram construídas através da distinção entre orientações sexuais. Tentar desvelar estas razões pode ser um bom caminho para nos aproximarmos de alguma compreensão sobre o preconceito contra a orientação sexual e as formas políticas que o debate sobre a homossexualidade assume atualmente.

No amplo escopo de possibilidades dos arranjos sociais, a sexualidade e, especificamente, a homossexualidade, assumiu diversas formas de expressão. Essas formas sempre estiveram intrinsecamente relacionadas às demais dimensões da vida social, contribuindo para a transformação e a manutenção social na produção e reprodução dos valores que constituem a vida coletiva. Nesse sentido, as práticas sexuais não ocorrem à revelia de uma normalização. Em outras palavras, variando em forma, conteúdo e intensidade, as nuances simbólicas que regulam as possibilidades sexuais delimitaram para as práticas homossexuais posições sociais determinadas ao longo da história nas hierarquias sexuais (Rubin, 1984).

Em nossa sociedade, a não heterossexualidade foi gravemente condenada pelo discurso hegemônico, que, influenciado pelo discurso religioso e médico-científico, legitimou instituições e práticas sociais baseadas em um conjunto de valores heteronormativos, os quais levaram à discriminação negativa e à punição de diversos comportamentos sexuais, sob a acusação de crime, pecado ou doença.

De modo específico, mais acentuadamente a partir do século XIX, o corpo e a sexualidade passaram a ser objeto privilegiado das políticas de controle e de moralização da vida social. Articulados com um projeto de sociedade verticalizada e hierárquica, o corpo e o prazer se tornaram campos de luta e de debate político, revelando formas ideológicas de circunscrição de identidades sexuadas e de reconhecimento social.

No século **XX**, as transformações sociais passaram por um franco processo de aceleração que culminou, a partir dos anos 1950, em uma vertiginosa revisão de valores sociais e morais. A expansão do capitalismo, as grandes guerras, os movimentos contraculturais e os movimentos sociais, a relativização e a flexibilização dos papéis sociais, a crescente consolidação e proliferação do Estado democrático e liberal, associado à globalização (ou transnacionalização) e à ocidentalização do mundo, e a crise das grandes narrativas científicas produziram um cenário amplamente complexo, que nos impossibilita compreender, por um lado, a sexualidade, sem a considerarmos no âmbito do político e, por outro, a política, sem considerarmos suas implicações na sexualidade e na vida privada.

A sexualidade foi um poderoso combustível que impulsionou essa máquina modernizadora, sendo concomitantemente regulada por ela. Nesse contexto, as práticas e sujeitos homossexuais permaneceram posicionados em condições subalternas no discurso hegemônico contemporâneo, fomentando a formação do preconceito contra homossexuais como um importante mecanismo de manutenção de hierarquias sociais, morais e políticas. Estamos chamando de discurso hegemônico aquele discurso capaz de criar formas e práticas de consentimento, de modo a transformar uma experiência particular (neste caso, a experiência heterossexual burguesa) em pretensamente universal, inferiorizando ou invisibilizando quaisquer outras possibilidades da experiência social. Barret (1996) esclarece que "a melhor maneira de entender a hegemonia é como a organização do consentimento: os processos pelos quais se constroem formas subordinadas de consciência, sem recurso à violência ou à coerção" (p. 238). As práticas sociais baseadas na heteronormatividade constituíram-se, ao longo da história ocidental, em processos capazes da construção de subordinação de outras práticas sexuais e sociais. O que significa não a exclusão das homossexualidades do cenário social, mas sim a sua subalternidade no interior dos processos hegemônicos.

Todavia, neste nascente século XXI, podemos observar uma visibilidade cada vez maior dos comportamentos não hegemônicos no interior das hierarquias sexuais. Cada vez mais podemos identificar na mídia e em debates públicos a discussão sobre a diversidade sexual. Aos poucos, *gays*, lésbicas, travestis, transexuais entre outros deixam de ser lendas urbanas, anomalias sociais ou sujeitos patologizados, para se tornarem sujeitos políticos, que passam a reivindicar equivalência de direitos implicada muitas vezes pela construção de novos direitos sociais e/ou pela desconstrução de direitos estabelecidos.

Lógico que na grande maioria das vezes, na espetacularização produzida pela mídia, o que importa não é construir uma reflexão sobre esta multiplicidade plástica das sexualidades que diferencia e agrega todos nós. Ao contrário, o que está em questão no mercado midiático é a performance, e quanto mais exagerada, mais caricaturada ela for, mais é capturada pelas câmeras e, seguidamente, pelos telespectadores anônimos espalhados por todas as regiões — quase independentemente de um contexto. Esta espetacularização caricata das sexualidades pode ser identificada tanto na produção ficcional de nossa cultura midiática homogeneizante que reproduz e reforça estereótipos, quanto na veiculação jornalística das aparências, na qual a versão antecede os fatos e, atenuando a diferenciação entre ficção e realidade, dificulta que estas vivências privadas se legitimem como demandas políticas.

Todavia, esse é um debate que tem internacionalmente penetrado a vida coletiva e individual de muitas sociedades. No entanto, no Brasil, o debate e as formas de inserção das homossexualidades na vida política e pública acenam para peculiaridades advindas do próprio processo de formação da sociedade brasileira, bem como das lógicas de modernização impetradas na realidade nacional.

PRECONCEITO CONTRA HOMOSSEXUALIDADES 15

As sexualidades e, em contraponto, as performances sexuadas nunca estiveram tão explicitamente presentes na cena pública como nos últimos tempos, ainda que de forma subalternizada. Quando pensamos a cena pública não estamos reduzindo este mundo à imagem espetacularizada que é construída pelas emissoras de televisão e outros meios de comunicação, mas às variações possíveis da complexa cena pública brasileira, mesmo que ela tenha perdido um pouco do público que lá deveria estar, conforme vários estudiosos vêm denunciando (Chaui, 2000; 2007).

Ainda que a visibilidade e a aparição pública das homossexualidades tenham entrado na agenda social e política, convivemos com o preconceito homofóbico, com um número alarmante de assassinatos de homossexuais,[1] com violações dos direitos sexuais de toda ordem e com a violência institucional que perpassa todas as instituições sociais, econômicas e políticas, sem falar nas educacionais, religiosas e militares (Carrara, Ramos e Caetano, 2003; Carrara et al., 2005; Ramos e Carrara, 2006; Prado, Rodrigues e Machado, 2006).

As homossexualidades estiveram presentes no mundo de formas tão distintas quanto a própria organização cultural e moral na história das sociedades, como veremos no próximo capítulo. Vários estudos que retomam os tempos históricos evidenciam o quanto as homossexualidades sempre foram práticas sociais e sexuais muito presentes na diversidade das experiências humanas.

Sabemos que a sexualidade é um elemento determinante na constituição dos sujeitos, tão necessário quanto o ar que respiramos. No entanto, a sexualidade é o comportamento menos natural dos seres humanos, pois sendo os caminhos de nossa sexualidade os constituidores de formas de expressão, de prazer, de visibilidade e

---

1. Ver levantamento realizado por Luiz Mott e pelo Grupo Gay da Bahia (Mott, 2000a; 2002).

de relação social, estão por demais recobertos de símbolos, rituais e valores que estruturam e dão coesão às práticas e instituições sociais. Em outras palavras, nossos hábitos sexuais dependem exclusivamente da construção social das relações entre/pelos seres humanos, relações estas que por sua vez não existem em contextos abstratos, mas estão sempre amalgamadas pela concretude de contextos culturais, geopolíticos, padrões morais e posições sociais.

Nesse sentido, não se pode perder de vista que ter determinada prática sexual carrega mais elementos do que simplesmente os comportamentos individuais em si. As diversas práticas sexuais estão historicamente entrelaçadas por relações sociais, identidades sociais e formas de inserção no mundo público.

É neste contexto das relações sociais e institucionais que podemos afirmar que historicamente os homossexuais tornaram-se uma categoria social legitimada por diferentes formas de desigualdade e exclusão social, uma experiência sexual crivada pela experiência social de ter menos direitos sociais. Estas formas de inferiorização transformaram a não heterossexualidade em um problema político, que enseja reconhecimento social na equivalência dos direitos e nas diferenças entre as formas de estabelecimento de relações públicas.

Mais adiante veremos como esta questão tem sido deslocada para o âmbito religioso, médico-jurídico e moral, buscando uma negação do elemento político que aí se instala, por meio de discursos e práticas que colaboraram para a manutenção de uma hierarquia social onde as homossexualidades aparecem como subalternizadas.

Enquanto uma questão política, os direitos sexuais deveriam encontrar formas de práticas e discursos políticos e não morais ou religiosos. Só assim a esfera pública se democratizaria no que diz respeito aos direitos e às formas de participação social, como veremos no capítulo relativo às experiências públicas de enfrentamento do preconceito social através da visibilidade como uma questão política.

Essa discussão sobre a politização em torno das sexualidades interpela um projeto coletivo de sociedade, inaugurando uma tensão entre os âmbitos público e privado da experiência humana. A vivência homossexual é individual e pode ser pensada como uma questão psicológica. Todavia, essa experiência é complexa, se interpenetra na experiência social e constitui elemento identitário de grupos sociais.

Assumimos aqui que as condições de existência dos indivíduos e de seus sofrimentos e alentos estão diretamente implicadas pela qualidade das relações sociais e institucionais que se encontram no contexto histórico e social da vida em sociedade. É nesse sentido que estar em alguma(s) posição(ões) identitária(s), sendo ela homossexual ou não homossexual, significa muito mais do que ter uma prática de parceria sexual com alguém do mesmo sexo, ou mesmo construir um papel sexual, pois esta localização social enseja vários outros aspectos da vida pública, articulando uma infinidade de possibilidades de identificações nos âmbitos público e privado.

Nessa perspectiva, nos cabe esclarecer o uso que faremos do conceito de identidade, já que a discussão sobre homossexualidades, preconceito e espaço público exige tocarmos nas questões referentes à construção de posições sociais e no reconhecimento que daí é possível ser construído. Assim identidade, hegemonia e política nos acompanharão ao longo destas páginas na tentativa de compreender a manutenção de hierarquias sexuais e seus possíveis enfrentamentos.

Identidade aqui é um conceito capaz de expressar a síntese de uma construção social que está implicada por formas de identificação pessoal e grupal, mas também por formas de atribuição social. Assim, falarmos em identidades homossexuais envolve não somente as formas e práticas de exercer a sexualidade, mas suas performances públicas, a construção dos direitos e deveres conquistados, os espaços institucionais ofuscados, as formas específicas de opressão e muitas outras questões que sempre estão circunscritas pela forma moral e estética concorrente a determinada posição hegemônica de objetivações sociais de indivíduos, grupos e sociedades.

Cada identidade é uma articulação de uma multiplicidade de discursos e práticas sociais que envolvem tanto aspectos simbólicos, como aspectos materiais e concretos da realidade. A identidade não pode ser entendida como algo estável, como algo pronto, mas sim como um processo de identificação em curso (Santos, 2000). Este processo se faz através da articulação cognitivo-emocional que os indivíduos em interação social produzem dos significados e contextos disponíveis, levando a um posicionamento social relativamente estável e provisório que se ancora em autoatribuições e atribuições sociais, que definem sentimentos de pertença grupal e de reconhecimento social.

Uma identidade é um processo ao mesmo tempo individual e coletivo de significações, com implicações psicológicas e sociais. Uma identidade não é outra coisa senão a própria ação na qual se engaja, articulando-se por meio de um conjunto de significados possíveis. Estas articulações não estão dadas. São construções de apreensão possível apenas no movimento em que se constituem, definindo processualmente as posições de sujeito em cada contexto particular, sem, contudo, se descolar do discurso hegemônico.

Menos do que compreender como se estrutura a homossexualidade, do ponto de vista individual e psicológico, bem como as possíveis práticas diferenciadas de sexualidade, refletiremos sobre como a homossexualidade, na pluralidade das identidades, inspira uma luta política por reconhecimento social e por redistribuição contra as inferiorizações dos direitos de cidadania que do ponto de vista público ocorrem nos processos de exclusão social e de desigualdade, e do ponto de vista privado, no sofrimento físico e psicológico que aplaca milhares de cidadãos e cidadãs.

Desde Freud sabemos que a sexualidade é uma dimensão fundamental da constituição do sujeito humano. Assim, se a sexualidade nos constitui como sujeitos, suas formas de expressão, de prazer, de visibilidade e de práticas sexuais dependem da construção social de relações entre os seres humanos em seus contextos de interação. As interações sociais, por sua vez, são processos de reconhecimento entre os sujeitos e entre formas institucionais (Honneth, 2003).

Para continuidade deste diálogo, que toma os argumentos acima como princípios, aceitaremos como premissa que a homossexualidade (bem como a heterossexualidade) foi inventada (Katz, 1996). As posições das sexualidades foram sempre sócio-historicamente construídas, o que significa considerarmos que a invenção da sexualidade é uma invenção social, contextual e política, já que enseja conquistar, desenhar, disciplinar uma forma predominantemente mais dominante de ser sexuado no mundo.

Poderíamos dizer então que existem formas políticas que circunscreverão as identidades sexuais, as posições de sujeitos sexuais, sejam elas homossexuais, bissexuais, heterossexuais, transexuais, pansexuais ou outras que as sociedades e a história nos permitam inventar, como seres históricos e sociais que somos. Assim, se a sexualidade é tão natural quanto o ar que respiramos, as identidades sexuais e as práticas das sexualidades não são nada naturais. Construídas através das relações sociais e políticas de um tempo histórico, são caracterizadas como processos históricos que não estão sob a égide da lógica da naturalidade, mas sim da moral e da política.

A homossexualidade se constitui em uma experiência identitária contemporânea construída na tensão entre valores da esfera privada e da esfera pública, problematizando os tênues limites desta divisão moderna. Para refletirmos sobre estas experiências devemos ter em mente as formas de subalternidade humana e seus enfrentamentos a partir das diversas expressões da experiência homossexual no mundo contemporâneo. Sendo assim, não podemos desvincular as experiências não heterossexuais das lógicas públicas de hierarquização dos direitos sociais, pois é exatamente nesse entrelaçamento que se sustenta a legitimidade do preconceito social, na construção de uma subcidadania ou de uma subalternidade homossexual, como um dos elementos articuladores das identidades individuais. Esta tensão determina, portanto, aquilo que se constitui a experiência de sofrimento e prazer individual, bem como a possibilidade da emergência de embates públicos e privados que interpelam as práticas hegemônicas, na emergência do político nesta esfera da vida humana.

Exatamente por isso, para discutirmos as sexualidades e as orientações sexuais teremos que enfrentar o debate sobre a política na sociedade contemporânea. A sexualidade se torna cada vez mais um elemento pelo qual a política criará consensos morais hegemônicos e, consequentemente, dissensos, que provocam o debate e a luta sobre os direitos de igualdade e diferença no campo das disputas políticas e por reconhecimento social. Isto se relaciona a determinadas formas de inserção no espaço público, que denotam um caráter emancipador, quando expressas como elementos capazes de interpelar as objetivações sociais e romper com os limites da compatibilidade das relações sociais (Melucci, 1996). Este é o caso de muitas experiências homossexuais coletivas nos principais centros urbanos, que, ao se constituírem em formas de apropriação de espaços das cidades, muitas vezes guetificados, indicam variadas possibilidades de expressão estética e humana de inserção no espaço público e político. Aqui as conhecidas Paradas do Orgulho GLBT cumprem um papel de extremada importância no enfrentamento das deslegitimações cidadãs, desestabilizando o universo de sociabilidade hegemônico e ampliando, assim, as possibilidades da objetivação social contemporânea.

Mas aqui cabe um parêntese fundamental. Para que possamos compreender os mecanismos, a gênese e as formas de superação do preconceito precisamos definir o que queremos dizer por política. A palavra *política* hoje vem sendo utilizada para tantas afirmativas que corre o risco de não dar sentido a quase nada. Paradoxalmente, a vulgarização do termo, e seu consequente esvaziamento de sentido, produz seu desgaste exatamente no momento em que a política se torna mais relevante e definidora de nosso cotidiano. Nunca a vida em sociedade exigiu tanto a discussão sobre direitos sociais e formas de reconhecimento humano, e nunca a política foi tão importante para o cotidiano de todos nós.

No campo de debate sobre política vemos que sempre há uma tentativa de circunscrever seus limites. Autores como Heller (1991) já evidenciaram que várias concepções sobre o político, de Schmitt a Arendt, passando por Luckács e Heidegger, sempre tensionam entre a especificidade e a generalidade do conceito.

Nesse sentido, utilizando o pensamento de autores como Laclau e Mouffe (1985), discriminamos três conceitos que organizam e dão sentido a esse universo, através do qual pretendemos abordar a sexualidade:

1. Política como um conjunto de instituições e relações formais públicas que sustentam não só o Estado, mas as próprias ações da sociedade civil. Define-se como um conjunto de regulações, leis, normas e modos institucionais que permitem que um contrato entre os diferentes grupos sociais seja estabelecido, de modo que a Política fala da objetividade, mas, ao mesmo tempo, dá pouca visibilidade do político e da política com "p" minúsculo!

2. O político diz respeito às posições antagônicas que se constituem como formas e tentativas de limitar a objetividade do social, não sendo reguladas pela Política imediatamente, mas se transformam em formas de Política negociada. O político pode ser assim entendido como aquilo que é antissocial, definindo os limites da objetivação social, enquanto a política é definida como as práticas sociais que derivam de antagonismos e conflitos, e que competem por uma nova significação da realidade.

3. E ainda temos a política que aqui adquire o sentido de uniformização e homogeneização. Isto porque existem formas e tentativas de homogeneizar pertenças e sentidos da existência social

humana, que embasam práticas sociais capazes de incluir determinadas identidades, sem, contudo, questionar as hierarquias e os processos de inferiorização dos espaços sociais mais amplos (Prado, 2002).

Dessa forma, as diferenças conceituais estabelecidas merecem articulações, pois não vivemos em sociedade e no modo de ser indivíduos sem a Política, o político e a política. Essa distinção nos permite discutir a democracia como um processo que não exclui de sua dinâmica o conflito (Ferreira, 2004). Jogar luz sobre o conflito nos permite não vislumbrar sua eliminação, mas dar voz às identidades conflitantes para que suas demandas sejam debatidas publicamente e novos conflitos possam emergir, uma vez que, por princípio, uma completa realização da democracia seria impossível (Laclau e Mouffe, 1985). A democracia como um conceito encerra em si este paradoxo, e a perspectiva que apresentamos nos indica a necessidade de sabermos lidar com este paradoxo (Scott, 2005), sem cairmos na tentação de eliminá-lo, nos abrigando sob o conforto de teorias totalizantes. A justiça, por sua vez, passa a ser objeto de debate na medida em que os arranjos democráticos permitem o enfrentamento público de determinadas questões, possibilitando a passagem de uma condição naturalizada das relações de opressão para uma concepção de antagonismo social e a consequente produção de lutas democráticas (Mouffe, 1996; 1988). Esta passagem a que nos referimos pode ser exemplificada pelo fenômeno dos *guetos* nas análises da homossexualidade (MacRae, 1990), como discutiremos mais a frente.

Portanto, as relações entre sexualidade e identidades sexuais não podem ser entendidas, fora do âmbito dos sentidos da política, uma vez que partimos do pressuposto de que há uma construção social da sexualidade, das posições sexuais, das práticas sexuais e das formas de relações que se legitimam no âmbito da política. Podemos então pensar que determinadas sociabilidades e relações sociais encontrarão espaços controlados e disciplinados pela construção histórica de uma moral expressiva de posições hegemônicas que não somente se coadunam e entrelaçam com outras formas de poderes dominantes, mas também produzem formas institucionais, práticas sociais, pensamentos cotidianos e relações que tendem a tornar invisíveis outras posições que, desde algum ponto, ameaçam a soberania das principais pilastras da moral histórica e politicamente hegemônica, porque inauguram o político. Desse modo, a invenção da não homossexualidade também poderia ser entendida como uma construção sócio-histórica.

A invenção da homossexualidade não foi desinteressada, já que não poderíamos, depois de Foucault e de outros tantos pensadores, achar que alguma invenção poderia ser calcada em um consenso definitivo. Onde vemos menos direitos estão os reclamantes de novos direitos e a possibilidade de denúncia expressa da construção social da subalternidade. Logo, pode-se considerar que as posições sexuais, os significados das inúmeras práticas sexuais e formas de relações daí derivadas foram se instituindo no bojo de uma disputa ideológica por legitimidades que se tornaram mais ou menos consensuais, ainda que muitas vezes este consenso tenha sido construído pela violência que se enseja no próprio ato de sua criação ou mesmo no ato da ausência de outros direitos e da inexistência de seus reconhecimentos.

Em síntese, podemos concluir que as sexualidades se objetivam por meio das relações sociais e estas não existem sem um contexto histórico e político. Desta forma, a objetivação das relações sexuais proclama identidades, formas de apresentar-se, formas de reconhecer-se, e estas exigem não só a construção social de pertenças, mas também a elaboração e a interiorização das atribuições sociais e de direitos.

Ora, estes elementos são a causa e o sintoma de um tempo histórico determinado e, portanto, de ações coletivas e sociais baseadas em determinadas visões de sociedade, de família, de relações sociais, de educação etc. Logo, se a homossexualidade pode ser entendida como uma questão privada e a política como uma questão pública, estamos em terreno duvidoso, pois aqui elas serão encaradas como pertencentes a um âmbito da privacidade compartilhada (Tejerina, 2005), já que o político pode ter seu germe nascedouro em experiências privadas, as quais, quando compartilhadas, esbarram em formas hegemônicas de demonstração e de (in)visibilidade. Motivo pelo qual a experiência da homossexualidade na história da humanidade sempre esteve contornada por distintas experiências políticas, ora pelo uso do prestígio e do poder, ora pela sua inferiorização.

Isto significa falarmos de uma hierarquização de valores para determinadas práticas sociais compartilhadas que, no bojo da construção social da sexualidade, se tornarão posições hierarquicamente inferiores ou subalternizadas, e que neste texto estamos chamando de hierarquias sexuais (Rubin, 1984), as quais interpelam as identidades sexuadas. Não nos remetemos à questão da inferioridade como classificação, mas sobretudo como menos legítima. Portanto, nos referimos à subcidadania, a menos acesso a direitos e menos novos direitos públicos. Esta subalternidade pode se estender desde a instalação de práticas legalizadas ou ilegalizadas até o menor acesso a políticas públicas, atravessada pelos mecanismos produzidos pelo preconceito. Estes mecanismos, como veremos no Capítulo 3, silenciam a desigualdade dos direitos sociais e sustentam uma inclusão perversa em âmbitos da vida social, como a escola, a família, a saúde, a cultura e as relações sociais, de onde derivam muitos dos sofrimentos experienciados individualmente. Nos termos de Santos (2006), há um misto, portanto, de desigualdade e de exclusão social na gramática do tempo contemporâneo na formação dos preconceitos sociais. Encontramos, assim, a mistura necessária para a instalação e a manutenção social do preconceito, que, por sua vez, está relacionado à diferenciação grupal do ponto de vista psicossocial e político.

O preconceito se instala a partir do momento em que a diferenciação grupal não permite um sentido de comparação que não seja de exclusividade, isto é, uma comparação que exige hierarquização, já que a existência de uma posição ameaça a soberania identitária de outra. Aqui pode-se dizer que o preconceito social é o alimento necessário para tornar invisível as formas subalternas de existência, além de sustentar, com a tentativa de dar coerência a um consenso hegemônico, uma posição hierarquicamente superior. Neste sentido, as práticas homossexuais são invisibilizadas, mas as identidades sexuadas subalternas continuam existindo como possibilidades de enquadramento social e simbólico, servindo como elementos produtores da coesão social, na medida em que, por oposição (ao que é diferente), equalizam um conjunto de valores equivalentes (Laclau, 2005).

Obviamente, esta não é uma questão simples. Há inúmeros trabalhos de excelente nível que enfrentam o dilema da emergência do preconceito ressaltando seus aspectos psicológicos e sociais (Crochik, 1997; Camino et al., 2002). Apesar das inúmeras diferenças entre eles, podemos considerar que a diferenciação grupal do ponto de vista histórico é o início da significação política do distanciamento e da redução simplista que o preconceito promove. O preconceito é um sentimento e um pensamento de simplificação da complexidade que se manifesta no outro. Assim, algumas diferenciações assumem concretamente o caráter de desigualdades e algumas desigualdades, o lugar de diferenciações. O sistema de pensamento e ação que torna esta passagem da diferenciação para a desigualdade incomunicável e não nomeável se chama preconceito social. Não por outro motivo, a luta de homossexuais tornou-se uma luta pela visibilidade, pois é a resposta mais adequada a uma subalternidade que se constrói ao se tornar invisível. Não falamos desta invisibilidade, pois ela está fora do âmbito da objetivação social hegemônica ao mesmo tempo em que a mantém como superior. Ou seja, um elemento intrínseco ao preconceito sexual é a prática do silêncio e da dissimulação. As formas de enfrentamento deste preconceito podem ser muitas, e temos visto na contemporaneidade que as ações dos movimentos GLBTs são bons exemplos. No entanto, independente da variação destes enfretamentos, o que aqui se coloca é como criar um conjunto de ações, práticas sociais e discursos capazes de denunciar, na passagem da diferenciação para a desigualdade e da desigualdade para diferenciação, a ordem histórica e social que foi ocultada pelos mecanismos do preconceito e da naturalização.

A base de afirmação do preconceito se sustenta nas práticas cotidianas, que, informadas pelas lógicas de poder exclusivo e pela noção de direitos substancial, sustentam a naturalização do significado da diferenciação grupal. Assim, a homossexualidade encontra no mundo público contemporâneo alguns impasses, já que, para aparecer no mundo público como uma posição sexual com direitos iguais, necessita desconstruir uma rede de significações, definidas por um padrão dominante de sujeitos que historicamente estiveram a ela associadas. A não heterossexualidade, a partir desta leitura, se tornou muito mais do que ela fora um dia. Ou seja, deixou de ser uma forma de prática da sexualidade e passou a ser, com o decorrer do tempo, uma questão religiosa, uma lógica de relação, um caráter psicológico, uma posição política e uma política de identidade.

Assim, o que nos afeta hoje é menos o que é a homossexualidade, mas o que ela se tornou, sendo implicada por estas diferentes lógicas e pela relação entre as experiências privada e pública da sexualidade. A hegemonia moral da heterossexualidade burguesa transformou a própria em uma posição sexual de sujeitos. É com este espírito que a cena pública brasileira convive, ainda que sem qualquer cuidado, com um novo sujeito político que emerge no Brasil dos anos 1980: o homossexual, que pode nem ter práticas homossexuais, mas é afetado pela posição da homossexualidade na constituição da hegemonia não homossexual.

Até aqui vimos que a homossexualidade enquanto uma prática sexual pode ser considerada uma questão privada, mas as identidades homossexuais engendradas nas privacidades compartilhadas (Tejerina, 2005) tornam-se questões públicas, pois advêm das atribuições sociais e dos sentimentos de pertença de uma hierarquia de subalternidades. Assim, a homossexualidade passa a ser uma questão de luta política por reconhecimento de direitos, já que está aí instalado, no mundo público, um silêncio que, na verdade, se constitui como um desperdício das experiências possíveis ao fenômeno humano (Santos, 2002), pois só encontra legitimidade social na inferiorização dos direitos e na negação da validade da própria experiência.

Uma vez que estas experiências desperdiçadas não encontram respaldo simbólico nem para sua legitimidade nem para a sua subalternidade, o que fundamentaria então o nosso argumento de que as diferenças sexuais não devem se tornar uma opressão pública e privada, constituindo-se como subcidadania no campo dos direitos? A resposta que lançamos foi muito bem colocada por Santos (2003), ao afirmar que devemos lutar pela igualdade quando as diferenças nos inferiorizam e pela diferença quando a igualdade nos homogeneíza. Está então lançado o desafio das lutas contemporâneas.

Para compreendermos algumas nuances da construção deste discurso hegemônico e, consequentemente, da emergência e do fortalecimento dos discursos contra-hegemônicos, delinearemos uma trajetória histórica, nos próximos capítulos, dos debates sobre as homossexualidades e de alguns dos importantes estudos GLBTs. Veremos como este debate se tornou uma expressão importante da construção social das posições e práticas identitárias homossexuais, e como vários discursos deslocaram a sexualidade para o campo da moral e da ciência, transformando versões particulares, ideológicas, em verdades absolutas, que operavam — e muitas ainda operam — legitimadas/legitimando instituições sociais e lugares de poder, instituindo/colaborando para as subalternidades sexuais de milhões de pessoas.

2
Homossexualidades na história: alguns discursos sobre as sexualidades

Embora pareça um contrassenso, não temos uma definição consensual sobre o que seja a homossexualidade, ou até mesmo a respeito do termo homossexualidade. Sodomia, homossexualismo, homoerotismo, homoafetividade, entre tantos outros conceitos, são tentativas de descrever os comportamentos que se afastam dos heterossexuais tradicionais. Mesmo na ausência de consenso, a homossexualidade vem ganhando cada vez mais espaço na arena pública contemporânea e despertando novas inquietações, dilemas e mitos.

Esta indefinição se dá porque a homossexualidade é, como vimos, mais que o comportamento sexual entre pessoas do mesmo sexo, é mais que a orientação do desejo sexual para pessoas do mesmo sexo, e é mais que nutrir afetos por pessoas do mesmo sexo. A homossexualidade pode abranger todas essas características, parte delas ou ainda ultrapassar essas definições através dos complexos arranjos culturais que o ser humano é capaz de criar.

A forma como nos comportamos em relação ao sexo vai muito além de uma solução de compromisso entre nossos instintos mais atávicos e as convenções sociais que regulam esses comportamentos. Com relação ao sexo, temos um universo de significados multifacetados variando e construindo tanto individual — no que nossa sexualidade tem de mais particular — quanto coletivamente — na medida em que essas construções acontecem num contínuo que remete cada um de nós ao que temos de mais universal e compartilhado.

Vivenciar nossa sexualidade é um movimento imperativo em nossas vidas, e isto tem profundas ressonâncias na construção das nossas identidades. Todavia, quando saímos de nossos cotidianos atomizados e olhamos para as hierarquias sociais proporcionadas pelas diferenças sexuais, percebemos que definir a sexualidade é uma atividade com implicações políticas altamente complexas. Para nos aproximarmos um pouco deste emaranhado de significações e comportamentos é importante percorrermos alguns discursos históricos sobre homossexualidades e entendemos como eles colaboraram para que a não heterossexualidade se tornasse uma dimensão importante da construção social das posições e práticas identitárias da política contemporânea.

Devido ao alarde causado pela frequente divulgação da homossexualidade e de temáticas relacionadas, poderíamos conjecturar que hoje a homossexualidade está se tornando um fenômeno muito mais frequente. Todavia, se percorrermos a superfície dos comportamentos sexuais ao longo da história, veremos que as relações sexuais e afetivas entre pessoas do mesmo sexo sempre estiveram presentes na estruturação das sociedades. Talvez essa afirmação pareça um pouco radical, porém é importante destacarmos que, na história da humanidade, em todos os seus períodos, encontramos comportamentos não heterossexualmente orientados. Mas se estes comportamentos sempre existiram, por que este tema vem tomando cada vez mais espaço em nossas vivências públicas? Essa pergunta é a constatação de que "um debate sobre a homossexualidade está em curso na sociedade brasileira. As ideias contidas nele podem ser encaradas como um dos sinais da difusão da modernidade no país" (Heilborn, 1996, p. 136).

Essa resposta não é simples e ganha contornos cada vez mais complexos na medida em que percebemos a importância da sexualidade como elemento identitário e político. De um modo geral, a partir da década de 1960 podemos identificar no Ocidente transformações sociais substantivas que interpelam as significações acerca da homossexualidade e da sexualidade como um todo. Nesse período, diversos comportamentos sexuais tidos como tabus começaram a ganhar visibilidade, revolucionando e ocupando novos lugares sociais.

Diversas mudanças políticas e econômicas, simultaneamente entrelaçadas com transformações culturais, propiciaram uma estrutura de oportunidades políticas na qual homossexuais pudessem se organizar e politizar suas privacidades, transformando a opressão social que incidia sobre seus comportamentos sexuais em tema de debate público. Em vários países do Ocidente, demandas desse segmento social produziram dissensos através da cultura, do mercado e do Estado.

Comportamentos homossexuais se apropriaram de espaços urbanos e midiáticos de forma revolucionária, explicitando a reciprocidade entre o Estado, o mercado e a cultura através da crescente visibilidade de GLBTs. Vimos surgir uma maior visibilidade de identidades não heterossexuais, a partir da exploração comercial do homossexual com a inauguração de boates destinadas a *gays* de classe média nos anos 1960 e o *boom* desse mercado após a abertura política do Brasil, com a proliferação de boates, bares, saunas, casas de banhos, cinemas (MacRae, 2005).

Uma infinidade de termos tem ocupado cada vez mais espaço em nosso cotidiano, nos levando a construir um "imaginário sexual" inovador. Termos como GLS, GLBT, parada *gay*, mix, casamento *gay*, parceria ou pacto de união civil entre pessoas do mesmo sexo, opção ou orientação sexual, entre tantos outros, nos remetem a um universo de personagens que tendem a ser colocados em histórias exóticas, distantes de nosso cotidiano e até mesmo escritas em vocabulário e linguagens próprias, tais como *gays*, afeminados, pintosas, barbies, bibas, ursos ou *bears*, ativos, passivos, entendidos, lésbicas, caminhoneiras, bissexuais, travestis, transgêneros, transexuais, *drag queens* ou *kings*, transformistas, andróginos, *crossdressers* etc.

Estes personagens vêm tentando conquistar um *status* social menos marginalizado e ganhar direitos no espaço público. É importante lembrar que se hoje eles podem ser vistos, não é porque foram criados num passe de mágica por alguma moda qualquer. Estes personagens já existem há bastante tempo, mas apenas hoje podem ser vistos. Alguns mais, outros menos, passeiam pelo espaço público. Alguns corajosos já ousam manifestar afeto publicamente, alguns já compartilham sua vida afetiva em quase todos os âmbitos de sua vida. Enfim, esses polêmicos personagens da urbanidade contemporânea estão na luta pela desnaturalização da condição de inferioridade, na luta por uma reconfiguração de seus direitos e de sua cidadania.

Antes de pensarmos as nuances da luta destes/as cidadãos/ãs nos dias de hoje, percorreremos rapidamente alguns debates sobre a homossexualidade ao longo da história. Além do distanciamento no tempo e no espaço, a análise histórica proporciona o espaço e as ferramentas para realizarmos um trânsito entre culturas de forma comparativa, de modo que possamos visualizar nossos próprios hábitos e concepções por ângulos diferentes. Nesse sentido, não é desnecessário relembrarmos que escolhemos um dentre vários percursos possíveis. Esse percurso poderia ser feito de inúmeras outras maneiras, dada a enorme complexidade da sexualidade e a multiplicidade de discursos e olhares que se formam ao seu redor. Entretanto, o que escolhemos oferecerá uma leitura da sexualidade compatível com o modelo político subjacente a este trabalho e as análises que sobre ele ergueremos.

Autores como Rohden (2003), Loyola (2003), Costa (2002, 1996, 1995a, 1995b), Adelman (2000), Green (2000), Katz (1996) e muitos outros, nos mostram que a homossexualidade vem sendo pesquisada por psicólogos, fisiologistas e médicos higienistas desde meados do século XIX, sendo que há algumas décadas, vêm se tornando mais frequentes escritos que de alguma forma tentam apreendê-la fora do *status* de patologia ou da perversão. Essa produção vem crescendo, se diversificando e se intensificando exponencialmente nos últimos anos. Podemos identificar diversos estudos que discutem desde questões acerca do conceito de homossexualidade em si, os comportamentos sexuais e a vida erótica, até estudos que advogam uma suposta homocultura e configuram o campo de estudos sobre o homoerotismo, discutindo literatura homossexual, estudos literários/artísticos, especialmente no campo do cinema, do *design* e da moda. Encontramos também muitos estudos que tangenciam a questão da homossexualidade a partir de discussões sobre DST's/Aids no campo da saúde individual ou coletiva (Parker, 2002; Teerto Jr., 1999; Trindade, 2003).[1]

Mesmo com o crescente número de estudos em andamento e recém-publicados no Brasil, consideramos esse tema ainda pouco explorado e carente de estudos mais amplos para que possamos ter uma compreensão mais precisa sobre as implicações e nuances políticas da entrada desse assunto na esfera pública brasileira. Este capítulo delineará um campo de argumentos históricos presentes nas bibliografias, que aponta para as principais formas de compreensão da homossexualidade e que abre as brechas através das quais se criam os debates fundamentais sobre a relação entre homossexualidade, preconceito, direitos sociais, direitos humanos, direitos sexuais.[2]

---

1. Podemos citar como exemplo destes variados enfoques: Rios (2003), Camino, L. et al. (2002), Féres-Carneiro (1997), Cass (1979), Martin e Hetrick (1988), Troiden (1989) dentre muitos outros.

2. Para uma contextualização do conceito de direitos sexuais no âmbito dos direitos humanos e uma discussão sobre as ambiguidades presentes no uso deste conceito, ver Petchesky (1999).

Embora o corpo humano seja relativamente estável ao longo da história, inter e entreculturas, o tratamento simbólico que recobre esse corpo é bastante diversificado (Werner, 1987). Significados e práticas diversas são encontrados até mesmo dentro de uma mesma cultura e estão sempre ancorados em processos históricos (Mott, 1989). Essa diversidade se acentua mais ainda quando lidamos com sociedades amplamente urbanizadas com grandes concentrações populacionais, na qual emerge uma diversidade cultural que se organiza ao redor de elementos simbólicos e estruturais próprios, formando identidades sociais, coletivas e políticas específicas. Essa extrema variabilidade no universo de identificações dos sujeitos e grupos sociais é descrita por Hall (2000) como fragmentação da identidade ou dos processos identitários, uma vez que esses processos seguem um ordenamento cada vez mais complexo e menos linear.

Na medida em que as regras normativas da sociedade se voltam para o controle do corpo, a sexualidade se torna um elemento importante na produção dessas diferenciações identitárias, o que nos leva a buscar uma chave de compreensão da sexualidade que incorpore uma noção de poder. A sexualidade e as práticas sexuais são construções sociais intrinsecamente relacionadas com as múltiplas dimensões simbólicas e estruturais de determinada sociedade. Nesse sentido, partimos do pressuposto de que as teorias que advogam sobre o que *determina* a homossexualidade, ou qualquer outra tentativa de formular uma teoria normativa a respeito da mesma, estão, por princípio, ideologicamente orientadas na direção de uma "normalização" da heterossexualidade e, consequentemente, de uma patologização de comportamentos sexuais que se afastam dessa lógica hegemônica que chamamos de heteronormatividade. Segundo Pollack (1987), estas teorias são de difícil desconstrução por estarem fechadas em um "círculo vicioso condenação/justificação" (p. 55). Diante disso, entendemos que a norma deve ser vista em sua ambiguidade, ou seja, influenciando e sendo influenciada na/pela produção e reprodução do regime dominante de vida sexual.

Diversos estudos sobre a construção dos papéis de gênero divulgaram amplamente que a biologia e a fisiologia são determinantes apenas nos limites mais extremos, de forma a apontar o que é fisicamente possível para as possibilidades das experiências e da sexualidade humana (Toniette, 2003). Assim, concordamos com diversos autores que a sexualidade é um construto complexo que relaciona fatores biológicos, psicológicos, socioeconômicos, culturais, étnicos, religiosos, políticos e geográficos (Costa, 2002; Butler, 1990; Haraway, 2000; Fry, 1982).

Todo esse esforço se move no sentido de reafirmar a sexualidade em sua relação com a dimensão social, afastando qualquer tentativa de associá-la a uma noção de natureza pré-linguística. A sexualidade, nessa perspectiva, é uma construção social, difundida e aprendida por meio de nossa inserção na cultura e que orienta nosso imaginário e comportamentos. Mesmo sendo uma atividade privada e específica, que é percebida e vivenciada por nós individual e psicologicamente, a sexualidade é influenciada pelo contexto histórico e depende não só do universo simbólico que versa sobre os corpos na cultura, mas também da estrutura social e dos meios de produção da sociedade. Exatamente por isso, a homossexualidade e a sexualidade de um modo geral só podem ser compreendidas em relação ao meio sociocultural que dá contorno e abriga os comportamentos e as concepções sexuais. Assim, neste capítulo traremos contribuições que nos ajudem a desnaturalizar e a politizar a sexualidade, tendo em vista que "os autores que se opuseram à classificação da homossexualidade entre as perversões deram provas de coragem política, mais do que de espírito inovador" (Pollak, 1987, p. 55).

2.1 Alguns modelos descritivos da sexualidade

Os modelos normativos da sexualidade foram discutidos por diversos autores, como Costa (1995a), Giddens (1993), Loyola

(2003), Rohden (2003), Toniette (2003) e muitos outros, que o leitor pode acessar em busca de uma versão mais completa e minuciosa das análises que apresentarmos a seguir.

Toniette (2003) considera, a partir de Costa (1995) e Giddens (1993), três concepções sobre as diferenças sexuais, que contribuem para nossa compreensão da sexualidade hoje e que trazem mudanças conceituais qualitativas importantes para as hierarquias sexuais, que incidem sobre os sujeitos e os comportamentos não heterossexuais: a) o modelo do sexo único; b) o modelo do dimorfismo radical e da diferença biologicamente determinada, estruturados por Costa (1995); e c) a ressignificação da sexualidade pela diversidade sexual, a partir de Giddens (1993).

a) Modelo do sexo único

Costa (1995), a partir do pensamento de Laqueur, demonstra como até o início do século XIX a medicina não tinha recursos simbólicos suficientes para representar a sexualidade humana dividida binariamente entre masculina e feminina. Nesse período, diferenças entre homens e mulheres eram consideradas como graus de desenvolvimento em uma mesma classe ontológica, na qual o corpo da mulher era considerado defeituoso e imperfeito.

Neste modelo, o homem afeminado ou ainda a passividade não eram relacionados diretamente ao comportamento sexual passivo, mas se destinavam a identificar aquele que se colocava passivamente em relação aos prazeres. Veyne (1987), em estudo sobre a homossexualidade na Roma Antiga, afirma que naquele contexto "não se classificavam as condutas de acordo com o sexo, amor pelas mulheres ou pelos homens, e sim em atividade e passividade: ser ativo é ser másculo, seja qual for o sexo do parceiro chamado passivo" (p. 43).

Isto nos leva a concluir que nem sempre existiu a distinção heterossexual/homossexual, uma vez que a separação dos sexos não era possível. O sexo anal, considerado igualmente em homens ou mulheres, era nomeado sodomia e associado a noções de crime ou pecado e, sendo assim, qualquer pessoa poderia cometê-lo (Costa, 1995; 2002).

Isso explica, em parte, a afirmação de Katz (1996) de que "a heterossexualidade foi inventada!". Heterossexual e homossexual são conceitos recentes na história do Ocidente e já foram utilizados para descrever fenômenos bem distintos dos de hoje, sendo que atualmente vêm suscitando muitas críticas quanto ao seu poder de descrição (Costa, 2002).

Sem cairmos na ingenuidade de imaginarmos que nesses tempos passados existia uma sociedade democrática e libertada de hierarquias sexuais, podemos afirmar que, nesta maneira de operar, os papéis sexuais mudam a forma e a função da sexualidade:

> Enquanto os homossexuais modernos muitas vezes ocupam uma posição marginal na sociedade e são normalmente considerados como efeminados, na Grécia, era a pederastia que propiciava acesso ao mundo da elite social; era apenas a relação pederasta que transformava o rapaz em um verdadeiro homem. Portanto, os gregos certamente conheciam o "amor grego" e seu interesse em rapazes nunca foi meramente platônico, mas em nenhum sentido eles inventaram o homossexualismo. (Bremmer, 1991, p. 26)

b) Modelo do dimorfismo radical

No final do século XVIII e início do XIX, os contornos do modelo anterior começaram a se desfazer. Segundo Costa (1995a), para que fosse possível conjugar os ideais republicanos de igualdade e liberdade, os revolucionários franceses precisaram justificar a

PRECONCEITO CONTRA HOMOSSEXUALIDADES

desigualdade entre homens e mulheres de outra forma. Nesse momento, as mulheres passam a serem vistas como um sexo diferente, biologicamente determinado, e nesta diferença se ancorariam as justificativas necessárias para a desigualdade entre os sexos, agora traduzidas em uma "incapacidade" das mulheres para desenvolver as tarefas de mais importância e prestígio social.

> Para que as mulheres, assim como os negros e os povos colonizados, não pudessem ter os mesmos direitos dos cidadãos homens, brancos e metropolitanos, foi necessário começar a inventar algo que, na natureza, justificasse racionalmente as desigualdades exigidas pela política e pela economia da ordem burguesa dominante. [...] Começaram, assim, os esforços intelectuais de políticos, filósofos, moralistas e cientistas para dizerem que todos os homens eram iguais, com exceção de alguns "naturalmente inferiores. (Costa, 1995a)

A diferença entre os sexos surge, nesta perspectiva, para justificar desigualdades sociais, e não para ampliar nossa compreensão da realidade. Isto equivale a afirmar que as hierarquias sexuais não se estabelecem à margem das estruturas sociais, dos sistemas de produção e da cultura, uma vez que estas são causa e sintoma das hierarquias sociais como um todo.

É importante ressaltarmos que este modelo foi construído sob os auspícios da ciência moderna, consolidada no século XIX, na qual havia uma concepção da natureza associada à ideia de perfeição. Os indivíduos que desviassem seus comportamentos daquilo que se entendia como "natural", daquilo que a natureza cobra de cada sexo, seriam vistos como imperfeitos, patológicos. Surge, então, a ideia de perversão e degenerescência (Costa, 2002).

A ciência moderna, fundamentada pela noção de verdade universal, produziu sofisticados discursos capazes de regular os papéis e comportamentos sexuais, ocultando seu comprometimento ideológico com os valores morais de uma classe dominante. Assim, estes discursos estavam autorizados a proferir suas crenças como se fossem verdades, uma vez que a noção de verdade na ciência moderna se autoriza a totalizar determinados aspectos da realidade, de modo que as experiências que se afastem ou neguem suas premissas são desqualificadas ou invalidadas.[3]

A distinção regulatória que se estabeleceu entre heterossexuais e homossexuais se erigiu colocando a heterossexualidade burguesa como "natural", como a única experiência identitária capaz de expressar o desejo sexual humano de forma saudável e correta. O viés científico dessa nova concepção transpôs a homossexualidade, os comportamentos não heterossexualmente orientados e até mesmo comportamentos sexuais menos tradicionais, da categoria de crime ou pecado, para a categoria das doenças e perversões (Costa, 1995a; 2002). Os cientistas dessa época, principalmente na medicina, na fisiologia e na psicologia, foram cruciais na construção desse novo discurso, passando a ter um papel central na construção das concepções e normalizações que incidiram sobre as identidades sexuadas.

Embora a distinção hierárquica entre heterossexuais e homossexuais nos pareça preconceituosa ou injusta, cabe-nos lembrar que a patologização da homossexualidade não deve ser vista apenas em suas atribuições negativas. Antes da invenção da heterossexualidade, a regulação da sexualidade se dava principalmente pela via da Igreja, na qual comportamentos indesejáveis deveriam ser *punidos*, já que eram crimes ou pecados. Tais crimes e pecados chegaram a ser punidos com a morte, como aconteceu com os homossexuais na Inquisição ou por meio de leis em diversos países. Por outro lado, após a invenção da heterossexualidade e da patologização da homossexualidade, os procedimentos punitivos foram sendo substituídos por outros aparatos sociais, uma vez que doenças devem ser apenas *tratadas* (Costa, 1995; 1995b; Toniette, 2003).

---

3. Santos (2002) critica esta postura e a associa a uma concepção de tempo linear, apontando que a racionalidade moderna posiciona todo saber ou prática diferente como aquilo que é "ignorante", "residual" (ou atrasado), "inferior", "local" e "improdutivo".

PRECONCEITO CONTRA HOMOSSEXUALIDADES

Como veremos adiante, a patologização científica da homossexualidade, por mais paradoxal que possa parecer, foi impulsionada por militantes ao longo da história. Nesse contexto, várias reformas importantes foram conquistadas, como a descriminalização da homossexualidade e avanços nos meios médicos e religiosos. Podemos trazer como exemplo a Mattachine Society que apresentava divergências de opiniões sobre o modo como a homossexualidade seria tratada na esfera pública. A Mattachine Society foi uma organização estadunidense importante por questionar publicamente pela primeira vez a inferiorização dos homossexuais, associando a homossexualidade à noção de direitos sociais. Este grupo apresentava divergências entre os militantes de base marxista, que traçavam um paralelo entre a classe operária e os homossexuais, propondo transformações radicais na esfera dos direitos, e os militantes moderados, que propunham apenas a descriminalização dos comportamentos homossexuais. Esta querela aponta para uma concepção de homossexualidade que ultrapassa a noção de doença e nos leva a um pensamento sobre a sexualidade totalmente novo no Ocidente: conceber a sexualidade como algo que, apesar de não ser independente da dimensão biológica do corpo, não está univocamente determinado por ela (Engel, 2001).

Este debate histórico evidenciou o quanto formas de criminalização ou discriminação das não heterossexualidades foram sustentadas por argumentos ideológicos que auxiliaram, em muito, a criação de um campo de legitimidade da homossexualidade como desvio, seja ele natural, cultural, psicológico ou educacional. Foi somente na segunda metade do século XX que estas questões começam a serem postas em xeque.

c) Modelo da diversidade sexual

Pensar a sexualidade em termos de sua diversidade é um desafio contemporâneo e que tem suas origens mais nítidas, aproximadamente, em meados do século XX, quando começaram a aparecer grupos sociais organizados e estudos científicos menos preconceituosos sobre a homossexualidade.

A transformação dos discursos sobre a sexualidade, associados a uma série de transformações sociais, que Giddens (1993) chamou de "revolução sexual", tornou possível uma ressignificação da sexualidade humana, na medida em que estes discursos contribuíram lentamente para a desessencialização ou desnaturalização da sexualidade. Assim, os elementos fundamentais da sustentação do preconceito social e da legitimação de uma subcidadania para mulheres e não heterossexuais passaram a sofrer constante questionamento social.

Dificilmente conseguiríamos apreender a totalidade dessas transformações, mas podemos elencar, a partir de autores como Loyola (2003), Engel (2001) e outros, quatro elementos fundamentais que marcaram a chamada revolução sexual: 1) o deslocamento do papel da família como polo de produção da sociedade para o mercado; 2) a autonomia sexual feminina decorrente do impacto da pílula anticoncepcional e da organização política do movimento feminista; 3) a crescente visibilidade da homossexualidade feminina e masculina; 4) a atuação cada vez mais impactante dos movimentos sociais e da sociedade civil organizada que, por meio de suas ações, interpelaram a naturalidade das formas de objetivação humana.

Loyola (2003, p. 875) afirma que estamos tratando de um momento histórico,

> calcado em uma mudança radical das identidades e das relações e formas de união entre os sexos (desagregação de laços matrimoniais tradicionais, crescimento das uniões consensuais, monogamia serial etc.). Este modelo se sustenta em uma separação radical entre sexualidade e reprodução correlata de um modelo único e horizontal de sexualidade (contrariamente ao modelo hierárquico dos dois

sexos do século **XIX**), dirigida primordialmente para o prazer e progressivamente desvinculada dos laços sociais e afetos que lhes são correspondentes.

De um modo geral, a esfera social da sexualidade se autonomizou, em virtude da desvinculação entre sexo e procriação, enfraquecendo os padrões tradicionais de comportamentos e representações nos papéis de gênero, além de tornar visível a homossexualidade masculina e feminina.[4]

Um fenômeno fundamental para a compreensão do que aqui estamos chamando de "revolução sexual" é a contracultura. Com a contracultura e a rebeldia disseminadas pelo conjunto de movimentos que dela fizeram parte, tornaram-se possíveis quebras radicais de valores sociais no espaço de uma geração para outra. Iniciado nos anos 1950, esse processo de contestação social representou uma profunda transformação para os padrões familiares, na medida em que os jovens passaram a cultuar valores libertários e buscar formas de comportamento e expressão alternativos na produção de culturas marginais. Esses movimentos apontaram para novas formas de compreender e utilizar o corpo. Talvez esse tenha sido o maior impacto provocado pela pílula anticoncepcional e pelos movimentos feministas que fizeram o mundo perceber a força da mulher, a existência do desejo sexual feminino e a violência/insuficiência dos valores patriarcais.

Adelman (2000) mostra que no século **XX** surgiu e fortaleceu-se uma representação da sexualidade como fonte de prazer e expressão da individualidade, vinculada à luta pelo reconhecimen-

---

4. O Relatório Kinsey (*Sexual behavior in the human male*, de 1948, e *Sexual behavior in the human female*, de 1953) foi um dos acontecimentos que mais impulsionaram a visibilidade das formas não heterossexuais de expressão da sexualidade. Resultando de pesquisas desenvolvidas pelo entomologista e zoólogo americano Alfred Kinsey, estas pesquisas impactaram o Ocidente questionando as concepções tradicionais sobre a sexualidade humana ao tornar público detalhes íntimos das experiências sexuais.

to das formações identitárias não hegemônicas — mulheres, jovens e não heterossexuais — que passaram a contestar "as formas 'tradicionais' (Igreja, família, comunidade) e 'modernas' (o Estado, a medicina e a psiquiatria) de regulação da sexualidade" (Adelman, 2000, p. 167).

Estas novas formas de compreender a sexualidade são ainda referenciais em construção, mas que aos poucos vem tomando corpo através do pensamento de autores, da crescente conscientização de setores sociais engajados e das novas formações culturais. A revolução está longe de ser consenso para as políticas sociais ou, até mesmo, no senso comum. Segundo Loyola (2003), se as instituições tradicionais e modernas perderam a centralidade na regulação das hierarquias sexuais, os valores que incidem sobre a sexualidade se antagonizam paulatinamente através do relativismo moral oferecido pelo mercado. Nesse sentido, não podemos ignorar as novas formas de regulação da sexualidade, nas quais as relações entre identidades sexuadas são mediadas no âmbito do mercado e do consumo. Permeada pela lógica do consumismo mercadológico contemporâneo, *"a busca do prazer toma a forma de busca da verdade, substituindo a busca da felicidade do século XIX"* e *"o sexo e o amor são lançados na esfera intimista da individualidade"* (Loyola, 2003, p. 878).

3

Fragmentos de um campo de estudo: gênero, *queer* e diversidade sexual

Nas universidades, concepções mais ou menos conservadoras sobre a homossexualidade e a sexualidade em geral ainda dividem lugares e posições políticas, ontológicas, epistemológicas e metodológicas, o que evidencia a falta de consenso e o teor político destas temáticas. Longe destas querelas, não nos interessa saber, por exemplo, o que causa ou o que caracteriza os não heterossexuais, mas sim como e em quais condições a homossexualidade se torna um elemento propiciador de relações de opressão e de inferiorização dos direitos sociais. Nesse sentido, interessa-nos saber como esta subalternidade encontra legitimidade pública em setores conservadores da sociedade, e resistência e reinvenção em outros setores organizados da sociedade civil, tornando-se uma questão política.

Neste capítulo trataremos de alguns campos de pesquisas que se intensificaram nas décadas de 1970 e 80 e que passaram a estudar o tema a partir de uma perspectiva social e cultural, deslocando o "problema da sexualidade desviante", do indivíduo, para o contexto social de discriminação e preconceito social. Nesta perspectiva, a homossexualidade é um problema social e político, não um problema individual ou psicológico. Por este motivo, consideramos extremamente importantes as pesquisas que buscam compreender as ações individuais e coletivas voltadas para a superação da condição de opressão da comunidade homossexual (Góis, 2003).

Como evidencia Góis (2003), nos anos 1980 a redemocratização do país e a importação de discussões teóricas realizadas nos Estados Unidos e em alguns países europeus possibilitaram que os estudos sobre a relação entre homossexualidade e preconceito se intensificassem. Contudo, uma relação ambígua surge no que tange ao aparecimento da epidemia da Aids. Se por um lado essa epidemia possibilitou ampla visibilidade e expansão dos estudos sobre homossexualidade, por outro os manteve presos ao campo dos processos saúde-doença, reduzindo muitas vezes a condição diversa e heterogênea da própria experiência cultural e política da homossexualidade (Góis, 2003).

Esse engessamento se desfez apenas na década seguinte, quando estas pesquisas se diversificaram. Os significados da palavra "homossexualidade" passaram a ser discutidos, de onde surgiram termos como homoerotismo, HSH (homens que fazem sexo com homens), homoafetividade, homocultura, entre outros (Góis, 2003). Esses novos termos,

> mais do que dilemas semânticos, referiam-se a viragens (ou tentativas de) conceituais significativas, notadamente novas adesões à chamada *queer theory* e aos pressupostos construtivistas utilizados na reflexão sobre a sexualidade. Do ponto de vista teórico-metodológico, os estudos dessa fase têm características as mais diversas trazidas das disciplinas de origens dos seus autores, ainda que seja visível a predominância de reflexões vindas da história, da sociologia, da antropologia e da psicologia, e mais recentemente da literatura e das artes visuais. (Góis, 2003)

Costa (1995, 2002), por exemplo, afirma que o termo homossexualidade não seria o mais adequado para descrever tais comportamentos e prefere o conceito de homoerotismo, por ser uma definição mais flexível e mais adequada à pluralidade de práticas orientadas para o mesmo sexo, pois exclui a alusão a desvio, doença, anormalidade ou perversão, nega a existência de "uma substância homossexual", e não indica identidade (Câmara, 2002). A crítica de Costa (1995, 2002) segue na direção da crítica de Foucault (1977), contrária à produção ou invenção do sujeito homossexual pela ciência do século XIX. Nesse sentido, Heilborn (1996) detectou que, apesar das contradições existentes entre os comportamentos e os discursos de homossexuais, isto "não os obriga a renegarem ou nuançarem a percepção de sua 'homossexualidade'", o que nos leva a concluir que "coexistem, assim, formas não lineares de lidar com a administração da identidade sexual, o que explica a fórmula ser/estar homossexual" (p. 144).

Katz (1996) também se posiciona contra qualquer tentativa de se estabelecer identidades fixas relativas à sexualidade, a despeito do possível enfraquecimento do debate público da luta por direitos, principalmente contra o discurso de posições mais conservadoras. Mouffe (1996) segue nesta linha, ao discutir o essencialismo em algumas posições do movimento feminista, afirmando que, do ponto de vista político, não interessa quais as diferenças entre homens e mulheres, mas sim, por que as diferenças entre homens e mulheres, ou aqui, entre hetero e homossexuais, implicam em relações de opressão.

Esse debate conceitual, aparentemente uma querela teórica, reverbera na prática militante de muitos ativistas homossexuais que reivindicam uma definição mais estratégica, já que se furtar em definir uma essência que produza uma categoria fixa de identidade pode resvalar para relativismos políticos.

Mott (2000b) discorda de Foucault (1977), primeiramente argumentando que os termos homossexual e homossexualismo foram cunhados por um jornalista e advogado, e não um médico. Em 1869, sob o pseudônimo de dr. Benkert, o jornalista Karol

Maria Kertbeny utiliza estes termos escrevendo contra o parágrafo 175 do Código Penal alemão, que condenava comportamentos homossexuais. Ao contrário de Costa (1995, 2002), Mott (2000b) não aceita que o termo homossexualidade seja uma invenção estigmatizante da classe médica e que esta seja reduzida somente a atos eróticos pontuais.

> Ser gay ou lésbica é muito mais do que transar de vez em quando com o mesmo sexo, implicando tal orientação sexual numa identidade, afirmação, estilo de vida e por que não, um projeto civilizatório alternativo, que podemos chamar de cultura homossexual. Se para alguns bissexuais ou homossexuais egodistônicos a homossexualidade restringe-se a poucos instantes de relações homoeróticas, respeitamos o direito destes indivíduos de viverem no limbo, metá-metá, no pântano da indecisão. Mas para nós, lésbicas e gays assumidos e militantes, ser homossexual é muito mais do que transar de vez em quando com bofes, michês e bofonecas mal resolvidas: somos portadores de uma orientação sexual cuja causa ainda é desconhecida pelas ciências, e que, no fundo, não nos interessa saber se manifestamos essa tendência existencial por influência genética, psicológica ou social, pois estamos contentes com nossa preferência sexual. (Mott, 2000b)

Mott (2003) ainda aponta que denominações como HSH podem revelar uma posição homofóbica, pois negam uma identidade construída sobre a homossexualidade na história e que revela muito mais do que práticas sexuais entre homens. O autor ressalta ainda que o termo HSH foi cunhado principalmente pelas indústrias farmacêuticas no desenvolvimento de pesquisas sobre DSTs,

> sob o pretexto de respeitar a especificidade de uma parcela de homens praticantes do homoerotismo que não têm identidade homossexual, o conceito HSH não só desconsidera milhões de gays e travestis brasileiros que se identificam com o termo homossexual, como desconsidera que os travestis e gays fazem parte do grupo social

ainda o mais atingido pelo HIV/Aids, já que os homossexuais continuam representando mais de 25% dos casos de Aids no Brasil. (Mott, 2003, p. 98)

A discussão sobre a natureza da identidade social do indivíduo, como não poderia ser diferente, reverbera e é influenciada pelas identidades coletivas, que porventura estejam produzindo o movimento de politizar a intimidade dos sujeitos, ao mesmo tempo em que traz para a esfera pública reflexões privadas sobre a vivência sexual individual. Neste sentido, Bernstein (1997) argumenta que o movimento GLBT, ao longo de sua história, oscilou entre enfatizar as categorias identitárias e especificidades próprias do segmento homossexual e a supressão destas diferenças e especificidades. Para a autora, esta oscilação, presente nas ações coletivas e discursos públicos, é resultado de estratégias políticas. As estratégias políticas utilizadas pelos movimentos sociais se definiriam em virtude do tipo de oposição que se pretende fazer, do modo como os movimentos sociais acessam a arena política e, finalmente, das estruturas de oportunidades políticas presentes (Bernstein, 1997).

Para estudar a constituição de identidades sexuais e políticas sem ficar preso neste dilema, MacRae (1990), em seu estudo sobre o grupo *Somos*, priorizou a categoria homossexual como uma categoria geral.

Deixando de lado a questão de supostas etiologias ou a de que se determinados indivíduos teriam ou não uma propensão inata à homossexualidade, reafirmo aqui a posição, clássica na antropologia, segundo a qual dados da natureza não podem ser apreendidos senão através de categorias culturalmente construídas e que são extremamente variáveis no tempo e no espaço. Portanto, quando uso neste livro o termo "os homossexuais" quero referir-me aos indivíduos adeptos de práticas sexuais como outros do mesmo sexo fisiológico. Igualmente o adjetivo "homossexual" será empregado como qualificador referente a essa categoria geral, independente de como determinados indivíduos possam se conceber ou serem percebidos pelas suas sociedades. (MacRae, 1990, p. 49)

Esse debate é infindável, uma vez que as categorizações sociais são dinâmicas e dependentes de relações de poder e das hierarquias sexuais. Entretanto, é relevante percebermos que há uma clara desconstrução da naturalização e da essencialização da não heterossexualidade, ao admitirmos a construção social das identidades sexuadas. Isto permite revelar as múltiplas diferenças que convivem em torno da expressão "homossexualidade" e do universo das heterogêneas práticas sociais e sexuais de GLBTs. Percebemos também que o rigor conceitual muitas vezes se choca com a construção dos discursos e das estratégias políticas de militantes, e esse é um dilema que permanece em aberto. Consistência teórica e estratégias militantes eficazes nem sempre andam juntas. No entanto, sem o objetivo de esgotar um debate histórico tão repleto de nuances, optamos por considerar relevante não as diferenças entre as identidades sexuais, mas sim a inserção dessas diferenças no interior das hierarquias sexuais.

3.1 O conceito de gênero

O conceito de gênero merece uma atenção especial, já que foi através dele que a política das posições sexuais contemporâneas ganhou força teórica, através da crítica ao patriarcalismo e de seus valores heteronormativos. O debate sobre o conceito de gênero aparece sobretudo na identificação e crítica dos mecanismos sociais e institucionais de inferiorização da condição social da mulher.[1] Este

---

1. Os estudos sobre masculinidades também seriam exemplos de discussões sobre essas questões. Toneli e Adrião (2005) afirmam que nos EUA esses estudos surgiram na década de 1960, paralelamente aos Women Studies, e dialogaram bastante com os estudos de gênero. Na França esses estudos foram erigidos em dois

PRECONCEITO CONTRA HOMOSSEXUALIDADES

conceito se mostrou uma ferramenta capaz de identificar como determinadas posições não masculinas são inferiorizadas e como esta capacidade institucional e social de inferiorização está a serviço de garantir a supremacia hegemônica do universo masculino. Neste sentido, gênero não é apenas um conceito ou um campo de estudos, mas uma relação de poder.

Nos últimos anos, estudos realizados acerca das temáticas que os movimentos sociais têm abordado enfocam de diferentes maneiras como as discussões sobre raça (Rodrigues, 2006), orientação sexual (Santos, 2003; Fry, 1982), relações de gênero (Smigay, 2002;

---

polos: grupos antissexistas que tratavam apenas da heterossexualidade e grupos que questionavam as homossexualidades masculinas quando estas práticas ainda eram proibidas. Embora nas relações entre ambos permaneçam muitas indagações, o campo das masculinidades apresenta muitas semelhanças aos estudos de gênero, tais como os binarismos essencialistas e o forte destaque para a cultura na construção dos papéis. Nestes estudos é frequente a discussão sobre violências simbólicas e concretas, na regulação dos papéis de inferiorização da mulher, dos homossexuais e de outros homens (estruturando-se em hierarquias masculinas, já que todo homem estaria sujeito a ser inferiorizado por outros homens). Estes estudos surgiram na América Latina na década de 1990. Muitos autores deste campo "são enfáticos ao dizer que a busca de afirmação de uma sexualidade que se distancie de elementos ditos femininos é marcadamente central na constituição das masculinidades. Assim, a homofobia aparece como elemento que rege as interrelações dos homens em seus diversos contextos, de forma tal que busca afastar e rechaçar aproximações em torno de modelos homossexuais, inclusive" (Toneli e Adrião, 2005, p. 100). Nestes estudos fica claro a construção do masculino em relação ao seu oposto, a mulher, o feminino, a criança, o homossexual e assim por diante, com efeitos de dominação destes sujeitos, e entre os próprios homens (Welzer-Lang, 2001). Welzer-Lang (2005) discute os efeitos destes binarismos dentro do universo *gay*, a partir da discriminação contra os bissexuais. Leal e Boff (1996) apontam a necessidade de estudar, para além das relações de gênero, as tensões estabelecidas entre os gêneros. Nesse sentido, ao definirem a "rua" como o universo de construção da identidade masculina, estas autoras ressaltam a importância da homossexualidade para a construção da identidade masculina: "o exercício homoerótico não é percebido pelo grupo [adolescentes masculinos] como ameaça desta identidade, mas, ao contrário, como elemento fundamental da construção da masculinidade" (p. 122). Olavarría (1999) também traça paralelos entre o exercício do poder e a sexualidade masculina. Com relação à construção de papéis de gênero, Braz (2006a, 2006b) nota uma valorização do masculino em práticas homossexuais, que ele chama de hipermasculinidade.

Mouffe, 1992) e de classe (Castro, 1992; Marsiaj, 2003) não podem estar dissociadas e daí a importância de uma articulação dessas categorias (Saffioti, 1992) para a crítica feminista e para as lutas dos movimentos sociais contemporâneos ou do que Castro (1992) chamou de "alquimia das categorias sociais", que de um modo geral discute as formas de concretização da cidadania na contemporaneidade incorporada pelas diferenciações das posições identitárias (Louro, 2001).

O debate sobre gênero no Brasil ganhou muitas facetas importantes. Uma das principais reconheceu os inúmeros processos de inferiorização social e econômica a partir dos posicionamentos relativos às identidades sexuadas, tais como as discussões sobre não heterossexualidade. No entanto, a relação entre as teorias de gênero e os debates sobre homossexualidades nem sempre foi uma relação próxima. Góis (2003) chama a atenção para o fato de que, embora exista uma grande proximidade temática entre os debates de gênero e os estudos sobre a homossexualidade, a interlocução entre esses campos tem sido praticamente nula. Segundo ele, tanto nos anais do I Congresso da Associação Brasileira dos Estudos da Homocultura (ABEH) há um reduzido uso do termo gênero, quanto nos principais periódicos feministas pode ser percebida a quase ausência de trabalhos sobre GLBTs ou um posicionamento periférico destas temáticas. Destacamos abaixo uma síntese de algumas hipóteses apresentadas por Góis (2003) que tentam explicar essa ausência de interlocução: 1) o heterossexismo produzido no âmbito das ciências humanas, o que reduz o espaço e a importância das experiências que desafiam a heteronormatividade, empobrecendo a leitura da subjetividade feminina e, por consequência, a masculina; 2) os traços de homofobia e machismo, e os confrontos que deles derivam, marcantes nas histórias dos movimentos *gay* e feminista, influenciaram a formação de diversos pesquisadores que se originaram destes movimentos; 3) o "binarismo" presente nos estudos de gênero impediria o questionamento de alguns cânones científicos tradicionais e o próprio processo de constituição da cultura, dificultando a incorporação de outras dimensões identitárias, como sexualidade, raça, classe, religião etc. (Góis, 2003).

Realmente, não é difícil encontrarmos estudos de gênero e feministas que apresentam diferenciações entre os papéis de gênero fundamentadas em conceitos essencialistas sobre o que seria a feminilidade, na produção de uma identidade mais ou menos fixa, com vistas a produzir um discurso contra-hegemônico político e emancipatório.[2]

Dois problemas podem ser associados a essa tendência: o primeiro é a incapacidade desse binarismo em apreender a diversidade dos papéis, comportamentos e orientações sexuais existentes. Para uma compreensão desta diversidade, Fry (1982) aponta que a construção dos papéis afetivo-sexuais se dá em quatro níveis: o sexo fisiológico[3] (feminino ou masculino), os papéis de gênero (modo como a cultura delimita os espaços de construção das feminilidades e masculinidades), o comportamento sexual (ativo ou passivo) e orientação sexual (heterossexual, homossexual ou bissexual) (MacRae, 1990). Essas quatro dimensões da construção dos papéis afetivo-sexuais nos levam a inferir que as possibilidades de diversidade correlatas à sexualidade são abundantes e que não há definição ou organização fácil para o campo das identificações sexuais.[4]

---

2. O campo de estudos feministas, bem como os estudos de gênero, não é, de forma alguma, um agrupamento homogêneo. Aqui estamos nos referindo apenas aos estudos deste campo que efetivamente padecem de concepções essencialistas. Para uma discussão sobre feminismos essencialistas, ver Mouffe (1996), que apresenta e critica autoras que se encaixariam nesse perfil.

3. Ressaltamos que a concepção de sexo na espécie humana apresenta, nas ciências médicas, diferenciações muito mais complexas que o binário masculino-feminino na constituição dos aparelhos genitais e reprodutivos: os sexos cromossômico, gonadal, hormonal, anatômico e fisiológico (Dantas, 1997, p. 30).

4. Em uma de nossas pesquisas (Prado, Rodrigues e Machado, 2006), essa complexidade se manifestou nitidamente. Durante a construção do questionário que aplicamos na VIII Parada do Orgulho GLBT de Belô, mesmo após horas de discussão com membros da universidade e dos movimentos sociais, não consegui-

O segundo problema derivado destes essencialismos é eminentemente político: a incapacidade dos discursos essencialistas em interrelacionarem diferentes formas de opressão e antagonismo, na produção de um discurso democrático orgânico, traz problemas semânticos e ideológicos para as redes de movimentos sociais organizados (Mouffe, 1996).

O modo como concebemos e interpretamos a natureza e nossa cultura se revela uma ferramenta ideológica poderosa e que responde às demandas sociais e políticas de cada contexto histórico. O que podemos concluir nesse debate é que a maior parte dos modelos de gênero que temos à mão são embasados, em maior ou menor grau, pelas oposições dualistas, tipicamente iluministas, entre cultura e natureza, indivíduo e sociedade etc., que contaminam de alguma forma grande parte do legado da ciência moderna. Segundo Rohden (2003), para que possamos ter uma compreensão mais abrangente das experiências sexuais, é necessário mantermos uma postura crítica quanto às propriedades atribuídas ao mundo natural ou cultural, reconhecendo a variabilidade existente nessas atribuições.

O fato é que a vida real tem sido muito habilidosa em nos impor limites para compreendermos os processos de identificações e categorizarmos as experiências particulares dos indivíduos em suas identidades sexuadas. Se no campo psicológico e social a complexidade é grande, no campo político ela denuncia ainda mais incapacidades de atuação no mundo público.

Segundo Góis (2003), tanto os estudos feministas, quanto os gays e lésbicas, estão longe de cobrir a diversidade dos subgrupos que suas teorias abarcam. Este autor insinua que a razão disto

---

mos chegar a uma solução satisfatória para que nosso questionário fosse capaz de categorizar eficientemente nossos entrevistados em relação ao sexo, identidade de gênero e orientação sexual. Por exemplo, ficaria difícil classificar as transexuais que se consideram heterossexualmente orientadas, uma vez que nascer no corpo de homem não necessariamente faz de sua categoria sexual "homem".

talvez seja por que as feministas estão pesquisando apenas mulheres brancas heterossexuais e os estudos gays e lésbicos priorizando homossexuais masculinos sem cor (Góis, 2003). Talvez estes equívocos persistam "possivelmente por estarem sendo construídos também por homens em sua maioria brancos" (Góis, 2003). Góis (2003) afirma que "todas essas ausências parecem, ao final, aproximar os estudos sobre gênero e sobre a homossexualidade. Uma aproximação mais construtiva, contudo, dar-se-á quando ambos os campos perceberem o quão produtiva pode ser uma relação de maior proximidade entre eles".

É importante ressaltar que, embora concordemos com a crítica de Góis (2003), quanto a ausência de interlocução entre os estudos de gênero e os estudos sobre GLBTs, uma vez que descreve com precisão o estado destas teorias em um período histórico determinado, desde a publicação de seu texto, temos visto a convergência destes estudos. Nos últimos anos notamos um aumento da interlocução entre vários estudos sobre gênero na aproximação das temáticas GLBTs. Como exemplo podemos tomar alguns estudos publicados na *Revista de Estudos Feministas*[5] e na revista *Cadernos Pagu*,[6] onde constam diversos artigos que tratam centralmente de temáticas GLBTs. Se analisarmos os trabalhos apresentados no último Seminário Internacional Fazendo Gênero 7,[7] também encontraremos um grande número de pesquisas que também fazem esta ponte. Além disto, podemos afirmar, a partir de uma análise dos anais do III Congresso da Associação Brasileira de Estudos sobre Homoerotismo, um aumento das discussões sobre relações de gênero e diversidade sexual, evidentemente não sem importantes tensões entre os dois campos (ABEH, 2006).

---

5. Disponível em: <http://www.cfh.ufsc.br/~ref>.

6. Disponível em: <http://www.unicamp.br/pagu/cadernos_anteriores.html>.

7. A programação e grande parte dos trabalhos apresentados estão disponíveis em: <http://www.fazendogenero7.ufsc.br/simposios.html>.

Embora isto não seja uma regra, percebemos que esta aproximação muitas vezes se dá a partir da popularização no Brasil de um campo, que alguns autores têm apontado como sendo mais eficazes para compreender os estudos sobre orientação sexual, e até mesmo de gênero: as chamadas teorias *queer* (Santos, 2005; Góis, 2003).

3.2 Performances *queer*

Desde o início dos anos 1990, um movimento composto majoritariamente por autoras feministas, sendo o nome mais conhecido o de Judith Butler, propõe uma definição de gênero em termos de *performance*. Este movimento se colocou contra tudo aquilo que considerou essencialista, que tomavam a diferença sexual como uma verdade natural ou pré-discursiva e, finalmente, contra quaisquer imposições normativas de formas determinadas de masculinidade e feminilidade.

Welzer-Lang (2001) também relaciona o surgimento do movimento *queer* ou da teoria *queer* exatamente à dificuldade que os estudos de gênero encontraram em superar o binarismo masculino/feminino e o heterossexismo, dominantes no campo de estudos sobre a sexualidade. Neste sentido, Santos (2005, p. 4) identifica que, "mais recentemente, registra-se uma viragem na teoria *queer*, expandindo o seu potencial analítico para além das especificidades de cada orientação sexual ou identidade de gênero. Mais do que comportamentos, a teoria *queer* disseca sobretudo dicotomias, rótulos, normas e principalmente a heteronormatividade".

Córdoba (2003) afirma que a teoria *queer* reativa e reforça o objetivo de transpor a sexualidade do campo do natural e dos campos de conhecimento que assim as definem, levando-as ao campo social e, uma vez que este está atravessado por relações de poder, podemos dizer que a sexualidade se transpõe ao campo político.

Nesse sentido, desnaturalizar a identidade sexual implica a renúncia de qualquer padrão de normalidade, extrapolando os motivos epistemológicos, de modo a criar conhecimentos que façam parte de uma estratégia de tomada de poder, pois toda identidade é o efeito de um contexto histórico-social de relações de poder.

As teorias *queer* reconhecem que todo discurso é contingente e posicionado, onde a sexualidade é, embora encarnada, uma construção discursiva, e por essa razão é reconhecida como enunciação performativa. Butler (1990) propõe uma leitura do sexo como efeito do processo de naturalização da estrutura social de gênero e da matriz heterossexual, onde o sujeito não existe anteriormente à performatividade, mas se constitui no (*durante o*) ato da interpelação discursiva (Córdoba, 2003). Os significados sociais são inscritos por um ato de nominação e definição, o que nos remete a uma concepção de que toda identidade possui um caráter incompleto, uma vez que precisa de uma referência exterior para se sustentar, e traz consigo relações de poder, já que determinadas possibilidades são reprimidas ou excluídas para poder afirmar e estabilizar outras (Córdoba, 2003).

Dessa forma, podemos afirmar que as relações não heterossexuais, muitas vezes, reproduzem os padrões heterossexuais, tanto nos papéis de gênero que os casais assumem, quanto no modelo de relação estável, embasados muitas vezes pelas próprias demandas dos movimentos políticos.[8] A teoria *queer* reconhece o poder reconstrutivo das relações homossexuais, afirmando que mesmo relações com papéis mais definidos não são simplesmente maneiras de integrar estas relações nos termos da heteronormatividade.[9] Stone

---

8. A demanda pela institucionalização do Pacto de União Civil e pela regulamentação da adoção de filhos por casais homo-parentais é muitas vezes embasada por concepções heteronormativas e reprodutoras de uma moral sexual burguesa e conservadora.

9. A heteronormatividade, nesta concepção, não é uma norma que deve ser substituída por uma homonormatividade, já que o conceito de identidade proposto pelas teorias *queers* é a de um não lugar, que se materializa apenas em ação e processualmente. Matos (2000, p. 142) concorda "inteiramente com a posição de

(1991) resgata o conceito, reintroduzido por Judith Butler, de inteligibilidade cultural, no qual os papéis, quando contextualizados e reinterpretados, formam um contraste (ou dissonância) com o corpo, criando uma dissonância interna, e como a tensão sexual resultante pode se constituir em objeto de desejo, trazem muito mais complexidade do que transparecem à primeira vista (Butler, 1990).

No caso do transexual, as variedades de sexo performativo em contraste com o corpo sexuado entendido pela cultura, que é, em si mesmo, violência textual perpetrada clinicamente, gera novas e imprescindíveis dissonâncias nas quais entram em jogo espectros completos de desejo. O transexual como texto esconde o potencial para mapear o corpo refigurado segundo o discurso convencional sobre os sexos e, assim, alterá-lo, aproveitar-se das dissonâncias produzidas por esta justaposição para fragmentar e reconstituir os elementos sexuais em novas e surpreendentes geometrias. Sugiro que comecemos com a declaração de Raymond, de que os "transexuais dividem as mulheres", e a levemos mais além de seu contexto, convertendo-a em uma força produtiva para dividir múltiplas vezes os velhos discursos binários de gênero, assim como o próprio discurso monista de Raymond. Para valorizarmos mais as práticas de inscrever e ler, que formam deliberadamente parte do que chamamos dissonância, sugiro que percebamos os transexuais não como uma classe, nem como um problemático terceiro gênero, mas como um gênero literário, um conjunto de textos corpóreos cujo potencial para uma ruptura produtiva das sexualidades estruturadas e para os espectros do desejo está carente de análises.[10] (Stone, 1991)

Butler que afirma ser o eu nem anterior nem posterior ao processo de generificação, mas emergindo dele com uma 'matriz de relações de gênero'. Trata-se de um processo incessante de construção que não é nem apenas 'ato singular' e muito menos 'processo causal iniciado por um sujeito'. Essa construção ocorre no tempo, é um processo temporal que opera através da reiteração de normal, onde buracos e fissuras estão abertos às instabilidades constitutivas do próprio processo, algo que não pode ser plenamente definido ou fixado pelo trabalho repetitivo da norma".

10. "En el caso del transexual, las variedades de sexo performativo en contraste con el cuerpo sexuado según lo entiende la cultura, que es, en sí mismo, violencia

O giro performativo critica o binarismo essencialista presente em algumas abordagens de gênero e de autoras do feminismo questionando a diferenciação entre sexo, gênero e orientação sexual,[11] pois subentende uma naturalização do sexo biológico. A crítica radical das teorias *queers* põe em questão a distinção clássica entre sexo e gênero, questionando a origem biológica da diferença sexual. Tendo em vista as demais formas de opressão, tais como a de classe e raça, propõe uma apreensão transversal das relações sociais de dominação (Preciado, 2005). De um modo geral, as teorias *queer* questionam a posição do sujeito moderno como um todo, buscando por meio da articulação discursiva escapar o máximo possível da reapropriação de seu discurso pelo sistema capitalista de produção.

> Enquanto os movimentos de liberação gays e lésbicos, dado que seu objetivo é alcançar a igualdade de direitos e que para isto se baseiam em concepções fixas de identidade sexual, contribuem para a normalização e a integração dos gays e das lésbicas na cultura heterossexual dominante, favorecendo as políticas pró-família, tais como a reivindicação do direito ao matrimônio, a adoção e transmissão de patrimônio, algumas minorias gays, lésbicas, transexuais e transgê-

---

textual perpetrada clínicamente, genera nuevas e impredecibles disonancias en las que entran en juego espectros completos de deseo. El transexual como texto esconde el potencial para mapear el cuerpo refigurado según el discurso convencional sobre los sexos y así alterarlo, aprovecharse de las disonancias producidas por esta yuxtaposición para fragmentar y reconstituir los elementos sexuales en geometrías nuevas y sorprendentes. Sugiero que empecemos con la declaración de Raymond de que los 'transexuales dividen a las mujeres' y la llevemos más allá de su contexto, convirtiéndola en una fuerza productiva para dividir múltiples veces los viejos discursos binarios del género, así como el discurso monista de la propia Raymond. Para dar más importancia a las prácticas de inscribir y leer que forman parte de esta deliberada llamada a la disonancia, sugiero que percibamos a los transexuales no como a una clase ni un problemático 'tercer género', sino como un género literario, un conjunto de textos corpóreos cuyo potencial para lograr una ruptura productiva de las sexualidades estructuradas y espectros del deseo está pendiente de análisis".

11. Ressaltamos que várias correntes do feminismo criticaram os binarismos essencialistas dos papéis de gênero. Entretanto, as teorias *queer* avançam esse debate criticando a própria separação entre sexo, gênero e orientação sexual.

neros reagiram e reagem hoje contra esse essencialismo e essa normalização da identidade sexual. Surgem vozes que questionam a validade da noção de identidade sexual como único fundamento da ação política; contra isto propõem uma proliferação de diferenças (de raça, de classe, de idade, de práticas sexuais não normativas, de deficiência).[12] (Preciado, 2003)

A contribuição das teorias *queer* tem se mostrado cada vez mais relevante e influente, entretanto, julgamos importante refazermos algumas críticas às ideias de Judith Butler, que foram apresentadas por Matos (2000). Primeiramente, Matos (2000) discorda do estatuto que Judith Butler atribui à psicanálise. Segundo Matos, a psicanálise freudiana apresentaria, na visão de Judith Butler, uma perspectiva naturalizadora da sexualidade, tomando as práticas não heterossexuais como desvios. A autora se posiciona contra este argumento apontando sua parcialidade, uma vez que essa questão nunca foi ponto pacífico na teoria freudiana, e no reconhecimento da importância da psicanálise na rejeição de epistemologias subjetivistas e voluntaristas, devendo ser levada às suas últimas consequências analíticas antes de sua rejeição (Matos, 2000).

Em segundo lugar, Matos (2000) critica a influência de Lacan quando Butler concebe a materialidade, e consequentemente os corpos, como *matérias de significação*, sendo ao mesmo tempo inacessíveis à linguagem e inexistentes antes dela. Matos prefere entender a materialidade dos corpos como *energia*, como *carne*, "com alguma

---

12. "En cuanto a los movimientos de liberación de gays y lesbianas, dado que su objetivo es la obtención de la igualdad de derechos y que para ello se basan en concepciones fijas de la identidad sexual, contribuyen a la normalización y a la integración de los gays y las lesbianas en la cultura heterosexual dominante, lo que favorece las políticas pro-familia, tales como la reivindicación del derecho al matrimonio, a la adopción y a la transmisión del patrimonio. Algunas minorías gays, lesbianas, transexuales y transgéneros han reaccionado y reaccionan hoy contra ese esencialismo y esa normalización de la identidad homosexual. Surgen voces que cuestionan la validez de la noción de identidad sexual como único fundamento de la acción política; contra ello proponen una proliferación de diferencias (de raza, de clase, de edad, de prácticas sexuales no normativas, de discapacidad)" (Preciado, 2003).

PRECONCEITO CONTRA HOMOSSEXUALIDADES

espécie de existência mínima não acessível ou mediatizável pela linguagem" (2000, p. 144).

Em terceiro lugar, Matos (2000) critica a noção de cultura decorrente das mesmas contradições do legado lacaniano. Ao privilegiar a cultura, Butler "reinstala as hierarquias identitárias e sexualizadas entre ideal/matéria, cultura/natureza, mente/corpo" (Matos, 2000, p. 145). Neste sentido, a primazia da dimensão subjetiva produz o efeito de esvaziar a dimensão material de seus conteúdos, que, como consequência, mais uma vez reduz a pluralidade "à posição binarizante e hierarquizante da lógica monista fálica — presença ou ausência" (Matos, 2000, p. 145), em vez de se abrir para as diferentes e múltiplas significações.

Estas críticas parecem sinalizar algum relativismo presente na teoria *queer* e que acreditamos estar carente de superação. Ao estenderem excessivamente a dimensão política e enfatizarem a dimensão linguística, na qual as performances são abordadas, é possível que percamos de vista o espaço concreto de vivência cotidiana e o espaço público institucional como campo privilegiado para a produção de antagonismos políticos. Esse relativismo linguístico talvez contribua para deixarmos em segundo plano o concreto, a sexualidade encarnada, a subjetividade corporificada, privilegiando os discursos, o que pode provocar a produção de discursos hegemônicos disfarçados ou vazios de significado social e político, ou, ainda, discursos não instrumentalizáveis, que produziriam a vulgarização do político e da política e o esvaziamento do espaço público.

3.3 Alguns estudos GLBTs: um campo de pesquisa em formação

Os estudos sobre as temáticas GLBTs se configuram hoje como um campo consolidado de pesquisa, adquirindo cada vez mais espaço no âmbito acadêmico e legitimidade junto aos movimentos sociais. Ao analisarmos os trabalhos apresentados no III Congresso da ABEH, em 2006, identificamos um grande volume de pesquisadores surgindo de várias partes do país, uma diversidade de perspectivas e temáticas e, o que mais chama a atenção, o crescimento do número de estudos que se ocupam de desconstruir o preconceito e a discriminação, através de teorizações que compreendem a sexualidade em sua dimensão política (ABEH, 2006).

A produção científica sobre a homossexualidade no Brasil esteve associada ao campo das ciências médicas até pouco tempo atrás. Em 1958 surgiu o primeiro estudo brasileiro sobre homossexualidade fora do campo da medicina, a dissertação de mestrado intitulada *Homossexualismo em São Paulo: estudo de um grupo minoritário*, escrita por José Fábio Barbosa da Silva (2005).[13]

A pesquisa realizada por José Fábio Barbosa da Silva teve como objetivo explorar o processo de socialização dos homossexuais paulistanos e de mapear o território urbano que eles ocupavam. Sob influência marcante da escola de Chicago, o autor se norteou por uma hipótese de seu orientador, Florestan Fernandes, que indicava que grupos marginais tendiam a estabelecer relações com outros grupos marginais. Seu estudo refutou esta hipótese mostrando que grande parte dos homossexuais entrevistados adotava posições tipicamente de direita.[14]

---

13. Recentemente esta dissertação, que até então estava misteriosamente desaparecida, impossibilitando o acesso aos estudiosos da área, foi publicada no livro *Homossexualismo em São Paulo*, organizado por James Green e Ronaldo Trindade. Além deste texto, este livro conta com produções de antigos pesquisadores da área, tais como Edward MacRae, Peter Fry, Néstor Perlonguer, James Green e Júlio Assis Simões, e de novos autores, como Isadora Lins França e Ronaldo Trindade, cumprindo o papel de unir gerações de pesquisadores e contribuindo para consolidar o campo de estudos sobre a temática no Brasil. Curiosamente a banca de defesa desta dissertação contou com a presença do famoso sociólogo brasileiro Fernando Henrique Cardoso.

14. Posteriormente Fábio Barbosa da Silva reconhece um erro metodológico que talvez tenha influenciado este resultado. Utilizando-se da metodologia da bola de neve, restringiu seus entrevistados a homossexuais de classe média e classe média alta.

Pela primeira vez um estudo se debruçou sobre aspectos da socialização, hábitos afetivo-sexuais e traços da personalidade homossexual, sem resvalar para apreensões morais e discriminatórias. Esse estudo é de uma importância histórica seminal tanto por ser o primeiro no Brasil que trata o homossexual, "sem avaliá-los como criminosos, doentes ou com defeitos hormonais" (Green e Trindade, 2005, p. 30), quanto por apontar, a partir de observações empíricas, a relação intrínseca entre a expressão da homossexualidade com zonas de mercado, fenômeno absolutamente atual e que em 1958 deu o nome de *guetificação*. Passadas mais de quatro décadas, este fenômeno é analisado com muito mais clareza pelo autor:

> No final do século XX, a cultura gay deu base para um mercado especializado. Em 1995, uma revista mostrou que era viável, financeiramente, a publicação de uma revista dirigida ao mercado gay (*Sui Generis*, não mais impressa por várias razões). Hoje, em cidades como São Paulo, há uma infraestrutura mercantil da comunidade gay: agências de viagens, bares, discotecas (inclusive com shows gays), cinemas pornográficos gays, clubes privados, organizações políticas e sociais, restaurantes, saunas, empórios de mercadorias sexuais, além dos locais públicos, novos ou tradicionais. (Silva, 2005b, p. 236)

Algumas décadas se passaram até que os estudos sobre a homossexualidade retornaram pela segunda vez aos periódicos científicos sob um viés socioantropológico, e alguns dos responsáveis por essas publicações também participam desse livro organizado por Green e Trindade (2005). Esse intervalo talvez possa ser compreendido, a partir de Green (2003), em função da profunda repressão social que se instalou com a ditadura militar, já que, como sabemos, os estudos sobre homossexualidade possuem uma relação próxima com a militância política, e muitos pesquisadores foram também militantes importantes e vice-versa (Arney, Fernandes e Green, 2003).

MacRae (2005), em um texto publicado originalmente em 1983, discute a homossexualidade e a sua apropriação revolucionária dos espaços urbanos e midiáticos, explicitando a reciprocidade com o mercado e a dimensão cultural da crescente visibilidade homossexual no Brasil. Nesse sentido, descreve o surgimento da exploração comercial do homossexual com a inauguração de boates destinadas a *gays* de classe média nos anos 1960 e o *boom* desse mercado após a abertura política do Brasil, com a proliferação de boates, bares, saunas, casas de banhos, cinemas. No plano cultural, o autor explicita o surgimento dos primeiros *shows* de travestis nos anos de 1950 e 1960, reapropriados por espaços culturais tidos como exóticos e, na sequência, traz à tona a importância revolucionária de artistas como Caetano Veloso, Dzi Croquetes, Angela Ro Ro, Ney Matogrosso e Secos e Molhados e muitos outros, dando grande importância aos acontecimentos culturais que trazem a homossexualidade em sua vertente política, tal como o jornal *Lampião da Esquina*.

MacRae (2005; 1990) defende a existência do gueto, pois,

> é lá [no gueto] que normalmente as pressões sofridas no cotidiano são afastadas, novos valores são desenvolvidos e o homossexual tem mais condições de "se assumir" e testar uma nova identidade social. Uma vez construída a nova identidade, ele adquire coragem para assumi-la em âmbitos menos restritivos e, em muitos casos, pode vir a ser conhecido como homossexual em todos os meios que frequenta. Por isso é da maior importância o gueto, que mais cedo ou mais tarde também acaba afetando outras áreas da sociedade, criando novos espaços de democracia sexual. (MacRae, 1990, p. 51)

A relação entre a homossexualidade e as zonas de democratização proporcionadas pelo mercado tem sido amplamente discutida e, na maioria da vezes, pouco criticada, desde o primeiro estudo (Silva, 2005a) até os dias de hoje no Brasil. O tema do mercado continua tão instigante e problemático, que serve de inspiração para um sem-número de trabalhos, tais como o texto "Do gueto ao mercado" (França & Simões, 2005), no qual a questão do gueto é discutida através de uma extensa descrição dos territórios de socialização da comunidade gay paulistana. França & Simões (2005)

PRECONCEITO CONTRA HOMOSSEXUALIDADES

argumentam que a proliferação dos espaços comerciais voltados para a comunidade gay, e a diversificação destas opções, cresceram tanto que é possível falarmos de um mercado homossexual.[15]

Tanto o texto de MacRae (2005) quanto o de França e Simões (2005) apontam características positivas para a existência do gueto, defendendo sua existência para uma ampliação das possibilidades democráticas de expressão da sexualidade. Afinal, a emergência de formas de vida homossexual mais emancipadas estão intrinsecamente relacionadas à expansão do capitalismo em nossas sociedades (Green, 2003). Todavia, o legado marxista fez com que, durante muito tempo, os intelectuais mantivessem uma visão muito preconceituosa com relação ao mercado, associando-o ao sistema capitalista de produção (Green, 2003).[16] Isso transparece em alguns termos e ironias espalhadas pelo texto escrito em 1983 por MacRae (2005), tais como: "o mercado homossexual desponta como um novo filão a prometer bons lucros"; "não é novidade a exploração comercial do homossexual" (p. 292); "sem conotações de seriedade, o termo 'homossexual' tem se prestado otimamente à comercialização: a origem anglo-saxônica (do termo 'gay') empresta-lhe um glamour de coisa de país desenvolvido" (p. 298).

Esta defesa do gueto, por parte dos dois artigos, não é uma leitura acrítica destes territórios de mercado. Mesmo no texto de França e Simões (2005), no qual o contexto de exploração permanece pouco evidenciado, é reconhecido "que os territórios reais e virtuais aqui tratados — por mais ampliados, diversificados e plu-

---

15. Santos (2003) traz o exemplo de Chueca, em Madri, que consiste em um bairro todo voltado para a comunidade homossexual. Exemplos como estes são encontrados em diversos lugares do mundo capitalizado.

16. Green (2003) relata que a relação entre a esquerda e a homossexualidade nunca foi tranquila. Muitas vezes a homossexualidade era associada a anseios burgueses, ou simplesmente esquecida dentro dos partidos, chegando a ser severamente discriminada em alguns contextos, tais como em Cuba e na antiga União Soviética. Nesses locais, os partidos foram inclusive simpáticos à descriminalização da homossexualidade antes de subirem ao poder.

ralistas — ainda sejam reconhecidos como 'guetos' é um indicador da tensão recorrente entre os esforços de 'pluralizar o universal', combatendo a segregação e a incomunicabilidade das diferenças, e a necessidade de manter espaços protegidos diante da intolerância que persiste sob múltiplas formas e procedências" (França e Simões, 2005, p. 333).

Embora concordemos em grande parte com os argumentos destes autores, ainda resta dizer que a questão do gueto merece atenção em outros pontos. É necessário que consideremos a questão dos direitos sexuais dentro de um arranjo teórico que seja capaz de intercambiar as demais demandas sociais por ampliações da democracia que emergem nas sociedades democráticas, reconfigurando permanentemente o espaço da cidadania (Mouffe, 1988; 1996).

O *gueto* produz formas encapsuladas de socialização que geram regiões de democracia sexual. Entretanto, a *guetificação* por si só não significa mudança social, uma vez que não garante maior reconhecimento da diferença por parte da sociedade ou algum recrudescimento de seus ideais patriarcais e heterossexistas (Santos, 2003; MacRae, 1990). Talvez possamos nos arriscar a dizer que a inclusão de homossexuais via mercado pode ser uma forma perversa de manter no sistema social de produção, homossexuais capitalizados, de classes mais altas, ao mesmo tempo em que dispersa e desvia os possíveis antagonismos que aí se produziriam.

Esta é uma questão complexa, pois se por um lado o sistema capitalista e o processo de globalização oferecem as condições necessárias para a erupção e a ação de movimentos sociais que lutam pelos direitos civis dos homossexuais — proporcionando, entre outras coisas, uma crescente visibilidade pública da homossexualidade e um intenso fluxo de informações —, por outro pode ser visto como responsável, em certa medida, pelo surgimento e a manutenção da homofobia — pois além de trazer como pano de fundo uma ideologia patriarcal (Santos, 2003), relega a um segundo plano o compromisso do Estado (neoliberal) com as necessidades sociais e a promoção dos direitos e potencialidades humanas (León, 2003). Neste sentido, vemos que a mediação do sistema capitalista na construção da visibilidade homossexual e das identidades sexuadas deve ser tomada sempre em sua ambiguidade.

Se ao longo deste capítulo insinuamos que as hierarquias sociais efetivamente se democratizaram, não podemos perder de vista o que ainda está por conquistar. Temos no Brasil uma das piores distribuições de renda do planeta, o que nos permite concluir que muitos homossexuais não estão sendo "incluídos" socialmente através do mercado, tornando a questão do *gueto* um problema ainda mais sério. Mesmo no interior dos guetos precisamos pensar também nas discriminações raciais, de gênero e classe, que ocorrem nestes espaços. Temos também uma enorme população rural, e sabemos que os 'guetos' homossexuais são fenômenos primordialmente urbanos.[17]

Além disso, mesmo que não tenhamos legislações tão gravemente homofóbicas, ou machistas, como alguns países do Oriente Médio, Ásia e África, é importante que não percamos de vista nossas próprias mazelas e (des)humanidades. Habitamos um país onde os crimes de ódio contra homossexuais batem recordes mundiais. Mott (2000a, 2002), partindo de estudos desenvolvidos pelo GGB (Grupo Gay da Bahia), identifica o viés extremamente violento que o patriarcado assume no cotidiano do país, ao listar e descrever o universo de assassinatos e violência extrema no qual milhares de cidadãos (ou subcidadãos) são obrigados a vivenciar em função de sua sexualidade.

Mesmo aqueles que conseguiram abrigo contra a homofobia pelo mercado têm muito que conquistar pela igualdade de direitos. Recentemente a revista *Veja* publicou uma matéria que mostra que

---

17. Estudos mostram que as questões de gênero são mais ou tão determinantes quanto as questões econômicas, ao identificarmos os motivos que levam ao êxodo rural no Brasil. Stropasolas (2006) aponta relações intrínsecas entre o êxodo rural e o questionamento das hierarquias de gênero por mulheres jovens do campo.

as leis negam aos casais homossexuais brasileiros 37 direitos a menos que aos casais heterossexuais.

Podemos perceber que ainda há muito trabalho, os enunciados modernos de Igualdade e Liberdade estão longe de estar bem equalizados para as minorias sexuais. Mas se algum avanço foi possível neste âmbito, isto é fruto da coragem e do trabalho de muitos militantes do passado e do presente, conforme veremos no Capítulo 5, quando traçamos um sucinto histórico das lutas homossexuais pelo alargamento do espaço do político e como uma das formas fundamentais de enfrentamento do preconceito social.

Transformar a realidade social é uma tarefa árdua e constitui um fenômeno complexo, e as direções dessas transformações, os empreendimentos individuais e coletivos e suas consequências são aspectos centrais de estudos no campo das ciências humanas. Essas transformações podem ocorrer em vários âmbitos da vida social, tais como o espaço doméstico, o espaço da produção, o do mercado, o da comunidade, o da cidadania e o espaço mundial (Santos, 2000).

Essas transformações operam num campo de constante fluxo de valores e arranjos simbólicos e estruturais, que estabelecem relações complexas, por vezes ambíguas, com a estrutura hegemônica das sociedades. Grupos sociais distintos podem igualmente estar interessados na conservação e na manutenção de valores e arranjos morais, ou em produzir novos formatos, ou ainda em subvertê-los em prol dos direitos democráticos em busca de condições mais justas de existência e uma ampliação dos espaços sociais de liberdade humana.

Mas antes de compreendermos estas lutas, faz-se relevante uma reflexão sobre as lógicas do preconceito contra homossexuais, pois é exatamente com um diagnóstico da complexidade desta lógica e de seus mecanismos de manutenção das subalternidades sexuais que poderemos então pensar a organização das lutas democráticas pelo direito à diversidade no seu sentido mais amplo: do combate às hierarquias e inferiorizações sociais e as práticas de reinvenção do campo político e privado.

Capítulo 4

Preconceito, invisibilidades e manutenção das hierarquias sociais

O preconceito social pode ser entendido como um dos importantes mecanismos da manutenção da hierarquização entre os grupos sociais e da legitimação da inferiorização social na história de uma sociedade, o que muitas vezes consolida-se como violência e ódio de uns sobre outros.

Vários estudos sobre o preconceito, passando do âmbito individual ao social, afirmam a conexão entre a relação de inferiorização social e os mecanismos de naturalização das desigualdades históricas (Adorno e Horkheimer, 1973; Crochik, 1997; Camino, 2002). Como uma tentativa de compreender como o preconceito, no caso contra homossexuais, se estrutura, possuindo mecanismos bastante complexos no funcionamento das sociedades, é que discutiremos neste capítulo a sua dinâmica na naturalização de inferiorizações sociais. Se há um elemento paradoxal no preconceito é que ele nos impede de "ver" que "não vemos" e "o que é que não vemos", ou seja, ele atua ocultando razões que justificam determinadas formas de inferiorizações históricas, naturalizadas por seus mecanismos. Em outras palavras, o preconceito nos impede de identificar os limites de nossa própria percepção da realidade.

Apesar de a hierarquização e a inferiorização se constituírem por processos distintos, são absolutamente complementares, e esta complementaridade tem sido utilizada historicamente na manutenção de desigualdades e no acirramento de processos de exclusão social, os quais podem ocorrer de formas bastante variadas, passando desde o aniquilamento humano e a violência social até formas de inclusão subalternizadas, evidenciando, assim, o quão grave podem ser estes processos que afligem uma sociedade como um todo, e não apenas determinados grupos sociais.

Além de se configurar como um mecanismo fundamental da inferiorização social, o preconceito também sustenta e produz determinadas concepções ideológicas e cognitivas sobre a legitimidade ou a ilegitimidade da gama de direitos sociais já conquistados e até a legalidade ou não das formas de interpelação do mundo público, cenário principal das lutas por direitos.

Mas se a hierarquização e a inferiorização social são parentes próximas, elas engendram lógicas distintas, ainda que intrinsecamente vinculadas. Na hierarquização está presente a lógica da subordinação, diferentemente da lógica da opressão, encontrada no sustentáculo das inferiorizações sociais. A subordinação estabelece uma funcionalidade entre os atores sociais, ou seja, ela se institui como um funcionamento de determinadas organizações sociais, baseando-se muitas vezes em discriminações históricas. No entanto, por aparecer como uma relação entre funções sociais e legítimas, a subordinação é potencialmente uma relação de opressão ainda não politizada, isto é, não reconhecida pelos atores em reciprocidade como uma relação de injustiça e inferiorização social (Mouffe, 1992). Nas relações subordinadas não existem, nas palavras de Mouffe (1992), relações de antagonismo, pois para isso seria de fundamental importância colocarmos as relações de poder em uma perspectiva histórica.

Este tipo de proposição permite-nos vislumbrar que nas relações de subordinação a ordem social não é tomada como uma ordem historicamente construída e contingente à ação humana. Portanto, elas aparecem como sendo naturais da organização social, pois se mostram como hierarquias absolutamente necessárias para a reprodução da sociedade e instituem uma complementariedade da relação entre diferentes posições identitárias, como é o caso de relações entre chefe e subordinados, gerentes e subgerentes e muitas outras que historicamente ainda não vislumbram espaços de disputas e reivindicações.

Diferentemente desta posição, nas relações de opressão, os atores sociais subordinados anteriormente reconhecem na inferiorização social uma injustiça historicamente construída, tomando a ordem social como objeto de questionamento, reflexão e interpelação. Ou seja, aqui, nesta lógica, os atores sociais evocam suas identidades como posições ameaçadas no campo dos direitos por outros atores sociais. Pode-se reconhecer que nesta forma de relação o exercício da desconstrução de significados cristalizados e rígidos, o enfrentamento político na arena pública e a configuração de uma identidade coletiva como um nós são de elevada importância.

Assim, a hierarquia pode ser reconhecida como uma relação de opressão, desde que para isso esta relação seja tomada e reconhecida, pela comparação social, como uma relação que oprime um dos atores em jogo. Seria necessário então falarmos de um processo que busca retirar qualquer funcionalidade e naturalidade das hierarquias, senão desnaturalizar valores e práticas que se estruturam na manutenção da inferioridade de determinados grupos sociais na história de uma sociedade. Neste sentido, as formas de inferiorização que possuem esta dinâmica, ainda que se apresentem como variáveis, estão imbuídas pela lógica da opressão, já que se configuram como formas de negação da equivalência dos direitos. O direito social é tido nesta perspectiva como um direito subalterno ou não direito em determinado tempo histórico.

É neste jogo entre hierarquizações e inferiorizações que mecanismos importantes como o preconceito social atuam. Eles são utilizados para a conservação e a extensão dos processos de dominação social, o que significa tomar então o preconceito como um regulador das interações entre os atores e grupos sociais, mas com uma finalidade própria: não permitir que relações subordinadas se transformem em política.

No âmbito da sexualidade, o preconceito social produziu a invisibilidade de certas identidades sexuadas, garantindo a subalternidade de alguns direitos sociais e, por sua vez, legitimando práticas de inferiorizações sociais, como a homofobia. O preconceito, neste caso, possui um funcionamento que se utiliza, muitas vezes, de atribuições sociais negativas advindas da moral, da religião ou mesmo das ciências, para produzir o que aqui denominamos de hierarquia sexual, a qual é embasada em um conjunto de valores e práticas sociais que constituem a heteronormatividade como um campo normativo e regulador das relações humanas.

Entretanto, se o preconceito se utiliza desta complicada artimanha, possivelmente é menos pelas suas próprias características do que pelo seu poder de preservação da naturalidade de algumas hierarquias entre grupos e indivíduos, isto é, sua função é a de não permitir que a discriminação e a inferiorização sejam interpretadas como mecanismos da injustiça entre diferentes posições identitárias, mantendo, assim — e aí está o seu conservadorismo —, uma relação de opressão invisibilizada como naturalização das relações de subordinação social.

Como vimos, este mecanismo tem sido bastante utilizado na história dos discursos sobre a sexualidade no Ocidente, e se instituiu como um julgamento moral motivado por experiências particulares de determinados grupos articulado como uma verdade ou um princípio universal regulador das formas de organização de uma dada sociedade. Em um primeiro momento, como já anunciamos, foi construído tomando como base pensamentos mítico-religiosos e, após um longo período de modernização ocidental, refinou-se por meio dos discursos científicos que, não raras vezes, foram os responsáveis pelo conteúdo de atribuições sociais negativas.

Como temos discutido, o preconceito é fundamental na estruturação das hierarquias e na manutenção das inferiorizações sociais. No entanto, se esta é uma de suas maiores funções, seus conteúdos também não devem ser desprezados, pois na estrutura das atribuições sociais negativas a determinados grupos, o preconceito traz como perspectiva a redução dos dilemas sociais informando-nos sobre determinadas orientações valorativas que buscam dar e atribuir uma pretensa coerência às ações sociais. Isto acontece por meio de discursos cotidianos menos institucionalizados, como as relações interpessoais, pensamentos cotidianos, relações de afeto, acolhimento ou recusa, mas também se materializa nas instituições públicas que sustentam leis gerais, normas e práticas governamentais.

Embora seja responsável por sofrimentos e relações de violência, o preconceito se estrutura a partir de uma função cognitiva necessária à organização de nosso cotidiano, utilizando-se da economia do pensamento, da generalização de situações vividas em categorias partilhadas socialmente, dada a estrutura heterogênea das atividades do dia a dia (Heller, 1992). Assim, o preconceito sustenta e mantém as formas institucionais de inferiorização, permitindo que determinados grupos permaneçam posicionados de maneira subalterna nos processos de participação e democratização de uma dada sociedade. Neste sentido, estamos de frente não para um processo de exclusão social simples, mas sim para um processo perverso de subalternização que inclui restritivamente e de forma estigmatizada os grupos inferiorizados nos processos sociais.

Se atentarmos para esta dinâmica do preconceito, não é menos importante percebermos que os processos de inferiorização não apenas retiram direitos sociais, mas categorizam grupos subalternos a partir de conceitos e significações, atribuindo-lhes características naturais, e não históricas, as quais condicionam esses grupos como portadores de determinados elementos impeditivos de pertença ao projeto hegemônico de sociedade que se busca instituir, impossibilitando, portanto, que a subordinação se transforme no lócus da opressão.

Como temos visto, o que se opera é a transformação das diferenças — entre as experiências humanas possíveis — em desigualdades, as quais interpretam às diferenças humanas a partir da lógica da hierarquização social, ou seja, transformam, sutilmente, os processos de hierarquização em diferentes níveis de desigualdades, níveis estes que posicionam no interior destas hierarquias uma escala que considera alguns mais aptos que outros, seja no exercício da sexualidade, seja na ocupação do espaço público, ou mesmo na garantia dos direitos sociais e da cidadania.

Esta relação interna às hierarquias não é unidirecional, mas cumpre uma relação de reciprocidade que opera dialeticamente, isto é, quanto mais a inferiorização de uns, maior a sustentação da superioridade de outro. Quanto mais uma orientação sexual não heterossexual assume o *status* de doença, perversão, pecado, degeneração ou anomalia, maior será a legitimidade da heterossexualidade compulsória.

Logicamente esta relação dialética interna às hierarquias sociais não se mantém sem a colaboração de vários discursos e práticas informadas pelas ciências e pelas religiões. Assim, muitos argumentos que elidiram na origem do pensamento cultural dominante e que foram responsáveis pela ponte invisível da transposição da diferença em desigualdade transformaram um conjunto de valores e de experiências particulares em uma noção de cultura universal. Santos (2002) denomina este movimento como o desperdício da experiência no mundo moderno, que seguindo uma noção única de racionalidade, ou monocultura do saber, não reconhece como legítimas quaisquer experiências que escapem à sua lógica.

Esta monocultura do saber, segundo o autor, se sustentou por muito tempo a partir da classificação social, necessária, segundo Heller (1992), para a manutenção do sistema cotidiano de objetivações e da estrutura das relações sociais. A classificação social cria sistemas predeterminados de pensamentos que nos orientam para a ação na vida privada e pública, desconsiderando a especificidade histórica e a complexidade dos contextos culturais que produzem a subalternização de algumas experiências humanas.

Nessa perspectiva, a monocultura do saber identificada por Santos (2002) colaborou não apenas para construção da não existência de muitas formas de sociabilidade, como também hierarquizou estas formas ao criar não lugares ou lugares que, quando ocupados, imediatamente recebem atribuições sociais negativas.

A ciência produzida nesta perspectiva colaborou para esta categorização hierárquica, por meio da construção de "verdades" capazes de explicar e justificar a superioridade dos grupos dominantes. Aqui julgamentos morais tornaram-se "verdades" exatamente porque estes saberes estiveram associados à experiência de um grupo, de forma a manter sua dominação sobre outros. Vale ressaltar que há adição de uma dimensão valorativa ao processo evolutivo que se expressou de forma contundente pela afirmativa de um ideal: "a sobrevivência do mais apto".

Este ideal foi apropriado pela nossa cultura, que, a partir dos saberes médicos, explicaram e justificaram a não heterossexualidade como uma posição subalterna na hierarquia social, ao mesmo tempo em que construiu o lugar de superioridade, do "mais evoluído" para o alinhamento da experiência heterossexual.

Paralelamente, no caso da homossexualidade foram criadas não somente características inferiores frente a uma posição não heterossexual, mas também mecanismos institucionais de afirmação de uma cidadania de segunda categoria, seja pelo silenciamento ou pela violência institucional, corroboradas na supremacia da heteronormatividade nas práticas sociais.

Em síntese, os homossexuais encontraram diferentes posições sociais e formas de atribuição social ao longo da história. Particularmente nos últimos duzentos anos predominaram formas pejorativas de atribuição social às práticas não heterossexuais. A construção histórica destas atribuições, sedimentadas em instituições e no imaginário social, fomentou a noção de doença e perversão, bem como a naturalização e o ocultamento da *homofobia*.

Por este motivo, não nos questionamos acerca das razões pelas quais nossas instituições e nossa cultura oferecem menos direitos aos não heterossexuais, ou até mesmo incentivem formas de violência contra estes. Isto ocorre principalmente porque os códigos que regulam as relações entre as identidades sexuadas não permitem que as hierarquias sexuais e seu sintoma, a homofobia, adquiram visibilidade pública na condição de injustiça social, uma vez que foram naturalizadas e assimiladas pela simplificação.

Assim como as justificativas da inferiorização ocultam seus fundamentos históricos, constituem-se como responsáveis pela manutenção desta hierarquização. Isto nos permite dizer que o preconceito se instala por meio de nossa incapacidade de vermos o invisível, o que faz deste mecanismo algo supostamente paradoxal, porque quanto mais verdadeiro se proclama, mais fundamentado está nas crenças que necessita ocultar.

Na verdade, este suposto paradoxo visa, em última instância, esconder um outro paradoxo fundamental da modernidade, que, ao declarar os princípios antropocêntricos de liberdade e igualdade, revela o abismo linguístico que dicotomiza os conceitos de indivíduo e sociedade. Este segundo paradoxo pode ser ameaçador, já que ele nos obriga a reconhecer a historicidade dos valores morais, pois relativiza os próprios valores que nos constituem, retirando qualquer estabilidade, permanência e universalidade contidas em nossas identidades e práticas culturais.

Neste sentido, o preconceito pode ser entendido como o mecanismo que cria um suposto paradoxo que, operando em um jogo de articulações extremamente complexo, busca alcançar o estatuto de uma resposta definitiva frente às inúmeras possibilidades da determinação humana. Se o preconceito então pode ser compreendido como um suposto paradoxo, como poderíamos tentar capturar a sua dinâmica, sendo ele ao mesmo tempo tão abstrato e concreto?

Tajfel (1982) evidencia que o preconceito social se estrutura cognitivamente a partir da diferenciação e da categorização social. Nas palavras do autor, o preconceito pode ser definido como um "pré-juízo infundamentado de um indivíduo ou grupo, de cariz favorável ou desfavorável, tendente à ação" (p. 147-8). Assim, o preconceito, como um mecanismo de manutenção das hierarquias sociais, se sustenta em determinadas categorizações sociais, reduzindo qualquer dicotomia, complexidade ou supostas incoerências à sua simplificação imediata na tentativa de atribuir coerência às ações da vida cotidiana.

A simplificação da vida cotidiana só é possível a partir da assimilação dos valores culturais dominantes pelos participantes de determinada sociedade, o que produz uma suposta coerência para as práticas sociais. Esse processo engendra um conjunto de valores morais que nos ajudam a simplificar a complexidade e os dilemas que interpelam a ordem social, uma vez que todos participam e constituem suas identidades a partir dele.

Quando dizemos que a simplificação e a assimilação são processos necessários à vida humana, compreendemos que constituímos nossas identidades a partir de uma dada gama de valores. É por isto que, muitas vezes, reproduzimos, não sem conflitos, este conjunto de valores como uma forma de interagirmos socialmente.

O preconceito opera, ao mesmo tempo, na dimensão do indivíduo e da coletividade, já que não pode ser compreendido apenas na dimensão da racionalidade individual, uma vez que se estrutura a partir de um conjunto abstrato de valores sociais que só encontra substância no comportamento individual, motivo pelo qual afirmamos, neste livro, que o preconceito é um fenômeno psicossociológico. Neste sentido, para superar o preconceito contra

GLBTs seria necessário deslocar a "questão" da homossexualidade do âmbito individual para a sociedade, a qual discrimina negativamente a homossexualidade.

Desse modo, no âmbito do indivíduo, o preconceito opera com a assimilação das características de inferioridade e no âmbito coletivo sustenta a hierarquização social que dá normatividade e coerência à ação, reduzindo o complexo ao simples, conforme as exigências da heterogeneidade estruturada da vida cotidiana. Não por outro motivo, indivíduos inferiorizados assimilam, na construção de suas identidades sociais, as características sociais e psicológicas negativas atribuídas a eles, fortalecendo ainda mais essas características e legitimando os mecanismos e as formas de preconceito que incidem sobre eles.

No caso da não heterossexualidade, isto acontece através do fenômeno que se define como homofobia internalizada, fenômeno este que denota claramente o quanto sofrimentos individuais podem ter suas raízes na estrutura social do preconceito.

A homofobia tem, portanto, uma dimensão psicológica e uma dimensão social. Do ponto de vista psicológico, romper com a *homofobia assimilada* diz respeito a superar as barreiras impostas pelo conjunto de valores assumidos como corretos. Este conjunto, muitas vezes, se impõe como uma impossibilidade de que a experiência homossexual seja vivenciada como uma experiência legítima. Assumir a legitimidade desta experiência significaria, portanto, navegar por um reposicionamento na própria história individual e coletiva, já que os valores morais são constituidores das identidades e das culturas. Do ponto de vista social, a homofobia impede que os indivíduos encontrem legitimidade para que o esforço psíquico individual de se *assumir* se consolide em uma identidade menos subordinada, além de legitimar formas violentas de expressão do ódio e do preconceito. Não à-toa, os recém-identificados crimes homofóbicos (Mott, 2000a; 2002) têm se caracterizado como uma forma própria de violência que traz em si um duplo caráter: o da

PRECONCEITO CONTRA HOMOSSEXUALIDADES

preservação subjetiva da superioridade do criminoso e o da manutenção das condições subumanas com que homossexuais são representados simbolicamente.

É neste contexto que podemos imaginar a energia necessária para a experiência do *sair do armário*.[1] O *sair do armário*, enquanto posicionamento que torna visível a não heterossexualidade, demanda um grandioso esforço psicológico, mas não só, pois, além disso, precisará criar estratégias sociais de enfrentamento daquilo que Villaamil (2005) denominou como sendo o "paradoxo do armário". O *sair do armário*, portanto, exige uma ressignificação das características negativas assimiladas bem como o enfrentamento público e político ao desqualificar e tornar visível os fundamentos que justificam a subalternidade e a inferiorização. O que torna o *sair do armário* um processo, muitas vezes, implicado por sofrimentos aos sujeitos, já que, a partir desta visão, ele exigirá mudanças profundas e concretas na vida dos indivíduos, obrigando-os, na maioria das vezes, a buscar novos espaços de sociabilidade, de trabalho e de identificação.

Na verdade, o *sair do armário* só se torna possível a partir da criação de sentimentos de pertença com determinados grupos sociais, os quais são capazes de elaborar sentidos e significados positivos à experiência da homossexualidade, já que normalmente a família e a comunidade são espaços de conservação de valores morais.

No Capítulo 3 vimos que esta é uma função das mais relevantes do fenômeno dos guetos (MacRae, 1990; 2005), pois até mesmo quando nos posicionamos contrariamente aos valores hegemônicos, o fazemos a partir do conjunto de valores no qual fomos socializados. Logo, a reinterpretação desta gramática da conduta social não se dá sem um longo exercício de interação intra e entre grupos para que se estabeleçam aí novas reflexões sobre a própria subalternidade.

---

1. Para definição, ver glossário.

Se a assimilação é um dos fenômenos constituintes do preconceito, a categorização social e a busca por coerência também o são (Tajfel, 1982). O preconceito tem como tarefa garantir uma normatividade da ação social, através da tentativa de dar coerência a qualquer dilema conflitivo. Portanto, além de se estabelecer como elemento psicológico, coloca-se também como um dever ser, o que nos remete à dimensão sociológica do preconceito.

Este elemento social do preconceito tem como consequência a migração destas questões, que aqui circunscrevemos como políticas, para um registro moral. Como expressamos, as práticas sexuais que se distanciaram da heterossexualidade burguesa enfrentaram, a partir do século XIX, toda sorte de patologizações que garantiram a não alteração de hierarquias sociais, produzindo a conservação de um ideal de família aliado à reprodução de relações de poder estruturais.

No âmbito do preconceito social fica evidente que a atribuição social negativa, como uma maneira de simplificação de algumas práticas sexuais, se sustenta em meio a outras formas de desigualdade social e política. Pode-se dizer que os mecanismos de subalternização, neste caso, foram delineados a partir da moralização da sexualidade, despolitizando e relegando para o espaço privado e individual relações de opressão instaladas na hierarquia social, liberando, dessa forma, o Estado democrático de sua tarefa principal: o alargamento do campo do político.

A migração de fenômenos políticos para o registro da moral evidencia a fragilidade dos arranjos democráticos do Estado moderno, que apenas aparentemente oferece a garantia dos direitos de liberdade e igualdade postos pela própria modernidade. Esta fragilidade faz com que o campo do político seja colonizado por um vocabulário moral escorregadio, uma vez que não pode ser interpelado pela argumentação pública instalada pela emergência de novos sujeitos políticos, entre os quais o movimento social GLBT, que é um exemplo legítimo deste tipo de fenômeno, como veremos no próximo capítulo.

A colonização da esfera pública por meio de uma gramática moral impede que as opressões sociais produzam antagonismos políticos que revelam em determinada ordem social a historicidade de seus arranjos simbólicos e estruturais, uma vez que os discursos e as práticas não se mostram como contingentes, mas como possuindo características naturais, psicológicas ou espirituais depositadas nos indivíduos.

Mouffe (2005) aponta que o fenômeno da migração de conflitos políticos para o registro moral tem transformado o debate sobre as orientações das ações de uma sociedade em antíteses maniqueístas, em vez de instalar uma disputa política de interesses, posições e formas de posicionamento dos sujeitos coletivos.

> o que eu quero indicar é que, ao invés de ser construído em termos políticos, a oposição constitutiva do político "nos/eles" é agora construída de acordo com categorias morais de "bom" *versus* "mau". O que esta mudança de vocabulário revela não é, como seria entendida, que a política tem sido substituída pela moralidade, mas que a política está sendo argumentada no registro da moral. É neste sentido que eu estou propondo a compreensão da "moralização" da política — para indicar não que a política tem se tornado mais moralizada mas que nos dias atuais antagonismos políticos tem sido formulados em termos de categorias morais. (Mouffe, 2005, p. 75)

Não por outro motivo, o enorme esforço que os movimentos sociais GLBTs têm feito no Brasil desde a sua emergência, no fim dos anos 1970, tem sido o de inserir as questões relativas às homossexualidades no campo da política, ou seja, tornar visíveis nos registros da política e da argumentação pública os conflitos que derivam do político.

Mouffe (1988, 1992, 1996) relaciona este processo à construção de identidades políticas, sublinhando que estas identidades se articulam a partir do reconhecimento das relações de opressão, que ao enfrentarem posições de subalternidades, saem da lógica da subordinação para incluírem-se no campo do político. Aqui o preconceito passa a ser desconstruído, pois se instala um reconhecimento na esfera dos direitos sociais. Neste contexto é que podemos pensar as formas de enfrentamento do preconceito sexual e das subalternidades, às quais as posições não heterossexuais têm sido historicamente submetidas.

Inserir no campo da política os elementos constituintes do preconceito homossexual é transformar não só a própria esfera da política — que no liberalismo está pautada por uma racionalidade e argumentação discursiva específicas —, mas também um trabalho cotidiano e contínuo de conscientização do próprio grupo social envolvido. Logo, transformar desejos e formas de amar em questões da esfera pública produz uma dinâmica de mudança na organização dos grupos sociais que pode ser das mais relevantes para a democratização das formas de poder de uma sociedade e dos indivíduos em seu cotidiano.

Existem dois mecanismos psicopolíticos que podemos apontar para este enfrentamento político: o da desconstrução/ressignificação e um segundo mecanismo que é o da construção do discurso e da ação pública! Ambos os mecanismos envolvem as formas de organização de grupos de homossexuais e sua coletivização, hierarquização e formas de pertença, mas também uma dinâmica da participação social.

É importante ressaltarmos que os movimentos sociais GLBTs no Brasil têm impactado a sociedade civil e o Estado, na construção de uma sociedade que inclua em seu projeto de nação a garantia dos direitos e da cidadania de gays, lésbicas, bissexuais, travestis, transexuais e transgêneros. Mesmo que lentamente, as lutas sociais têm conseguido inserir estas questões na agenda política e nos programas governamentais.

É mister assumir que o processo de visibilidade como resposta, ainda que insuficiente, é fundamental para desconstruir e ressignificar atribuições sociais construídas historicamente no campo da religião, da ciência e da moral acerca da homossexualidade.

A transformação de experiências da vida privada, ou semipública, em experiências e temas públicos pode se dar a partir da construção de identidades coletivas e dos processos de conscientização política que, além da informação, implicam ressignificação de valores interiorizados, de formas de ação coletivas, de instituições e das práticas culturais. No Brasil este processo tem sido deflagrado pela ampla mobilização de GLBTs e heterossexuais simpatizantes. Entretanto, este fenômeno político e cultural tem recebido pouca atenção de vários campos científicos e pelas teorias democráticas contemporâneas. Ao fim deste livro destacaremos alguns estudos que dão continuidade à discussão que aqui abrimos.

A emergência de novos direitos sociais advindos do debate público da homossexualidade estão em pauta no Brasil e em vários países, e denotam a capacidade dos movimentos GLBTs de enfrentamento do preconceito como um mecanismo da subalternização civil. Uma das maneiras de enfrentamento mais relevantes que emergiram nos últimos anos é, sem dúvida, a implementação das questões oriundas desta forma de subalternização como políticas de Estado, o que começamos a notar nas áreas da educação, saúde, cultura e da esfera jurídica.

Entretanto, se a partir daí sopram novos ventos, ainda é precário o reconhecimento da heteronormatividade como uma instituição injusta, uma vez que engendra formas de hierarquização social e de preconceitos na manutenção da subalternidade homossexual. Esta precariedade deve muito à atuação da hierarquia da invisibilidade que tem no preconceito seu ápice.

Ainda vemos o começo, mas já é possível apontar que a luta contra a moralização das posições não heterossexuais está em plena marcha pública. As paradas GLBTs, enquanto processo organizativo, mobilizatório e cultural, têm se revelado um instrumento político de grandioso potencial. Longe de ser festas carnavalescas, tal como muitas vezes aparecem discursadas pela mídia; se sustentam em mobilizações cotidianas de capacitação de indivíduos e grupos, criando uma rede de relações entre os mais diversos atores políticos e influenciando poderes locais e nacionais na criação de políticas de reconhecimento e redistribuição social.

No próximo capítulo veremos como este processo, de reverter a migração do político para o registro moral, tem ocorrido em diferentes localidades no século XX. Após caracterizarmos o preconceito como um mecanismo de manutenção de subalternidades, pretendemos identificar algumas formas de enfrentamento que têm sido desenvolvidas no campo público.

Capítulo 5

Entre o cotidiano e avenidas: movimentos sociais GLBTs

Com a expansão dos processos de modernização, temos visto uma considerável ampliação dos princípios democráticos no que diz respeito à sexualidade e às diferenças sexuais, mais especificamente aos comportamentos sexuais não heterossexualmente orientados. Embora longe de termos respostas satisfatórias aos paradoxos postos pelas hierarquias sociais contemporâneas, consideradas hoje como relações de igualdade e diferença, percebemos transformações nos discursos científicos, legislações nacionais e práticas sociais que definem a identidade social e a cidadania de homossexuais e outras minorias.

Podemos dizer que a democratização destes espaços faz parte de um conjunto mais amplo de transformações sociais chamado modernização (Tejerina, 2005). Entretanto, essas transformações não são consequências naturais desse processo, não há um determinismo social, o que nos leva a afirmar que a modernidade é "indiferente à diferença" (Berman, apud Bravmann, 1997).

Nesse sentido, esses novos eixos de radicalização dos princípios de igualdade e liberdade só foram conquistados por meio da militância que se organizou em torno das demandas deste segmento e que aos poucos foi politizando novos espaços da vida social e produzindo antagonismos sociais anteriormente impensáveis.

Os movimentos sociais são atores importantes desse processo e, embora os movimentos e ações coletivas não totalizem a participação política em torno destas questões, evidenciam e processam os pontos mais visíveis de embate público e de interpelação institucional junto à sociedade civil, sobretudo junto ao que Tejerina (2005) chamou de máquina modernizadora: o Estado-nação.

Conceituar precisamente o que são os movimentos sociais já de início nos revela a complexidade deste campo, pois em cada momento histórico as teorizações percebem diferenciadamente esses fenômenos e, via de regra, essas concepções jogam luz e obscurecem determinados aspectos da realidade social apontando o que se entende como o campo político, a cidadania etc. (Goss e Prudência, 2004).

O conceito de movimentos sociais toma força nos anos 1970, com o esgotamento da noção de classe social e da insuficiência do marxismo tradicional em descrever o universo das lutas sociais por justiça (Goss e Prudência, 2004). Este ponto de origem legou às teorias sobre movimentos sociais a tendência de dividir os diferentes tipos de movimentos sociais em duas categorias: Os "movimentos sociais tradicionais" e os assim chamados "novos movimentos sociais".[1] Nesta clivagem, os "movimentos sociais tradicionais" seriam vistos como a expressão coletiva de minorias em sociedades estratificadas e industrializadas, e seu objetivo seria transcender as classes sociais buscando conquistas no plano econômico-estrutural. Em contrapartida, os "novos movimentos sociais" seriam aqueles

---

1. Em trabalho anterior demonstramos a insuficiência desta dicotomia na análise dos movimentos homossexuais em Belo Horizonte (Machado e Prado, 2005). Identificamos nas dinâmicas desse movimento reivindicações que demandam tanto reformas estruturais (jurídicas, legislativas), quanto reformas que podem ser entendidas como simbólico-culturais (reconhecimento).

que se organizaram principalmente após a Segunda Guerra Mundial e que estariam associados a demandas por reconhecimento ou contra opressões simbólicas. Os novos movimentos sociais trouxeram em seus discursos a valorização de princípios como livre organização, autogestão, democracia de base, direito à diversidade e respeito à individualidade, respeito à identidade local e regional, e noção de liberdade individual associada à de liberdade coletiva (Scherer-Warren, 1987).

Os movimentos sociais desafiaram a noção de classes apontando que a política não pode ser reduzida aos seus aspectos estruturais, o que nos leva a perceber os atores políticos como agentes dinâmicos que operam na interrelação entre estruturas e significados sociais, ou entre economia e cultura (Machado e Prado, 2005; Scherer-Warren, 1993).

Para que as relações de subordinação que se manifestam no cotidiano da vida privada, tal como as que elencamos no capítulo anterior, possam ser percebidas, devemos evitar reduzir o campo político a seus aspectos institucionais. Caso contrário, dificilmente a inferiorização por orientação sexual poderá ser percebida como uma relação de opressão ou merecedora de debate público, sendo sempre tomada como uma questão cultural ou não política.

Os movimentos sociais, principalmente na América Latina, nos levaram a perceber que a dicotomia entre política e cultura é um reducionismo teórico. Os espaços de produção e significado, embora possuam ritmos diferentes, são inseparáveis e interdependentes, o que nos leva a uma nova concepção de cultura, concebida como um conjunto indissociável de práticas sociais e de representações simbólicas. Os movimentos sociais na América Latina apontaram para "modernidades alternativas" por meio de "políticas culturais" (Alvarez, Dagnino e Escobar, 1998) ou novas "culturas políticas"[2]

---

2. Kuschnir e Carneiro (2000) definem cultura política como "conjunto de atitudes, crenças e sentimentos que dão ordem e significado a um processo político,

(Kuschnir e Carneiro, 2000), que nos fizeram perceber que se ficarmos presos às dimensões institucionais da política, não seremos capazes de perceber a dinâmica dos antagonismos sociais e mesmo os embates que impulsionam a transformação social, além de não conseguirmos interferir no redimensionamento da própria política institucional.

Os movimentos sociais que surgem após a abertura política na América Latina desenvolveram culturas políticas pluralistas que transcendem a política institucional e as concepções de cidadania e democracia formais garantidas por meio das instituições sociais. Para estes novos atores sociais o político é mais que um conjunto de procedimentos, vai além dos espaços privados, sociais, econômicos e culturais, e a cidadania é algo dinâmico, em constante movimento entre sujeitos, atores e instituições sociais (Alvarez, Dagnino e Escobar, 1998).

Entretanto, Álvares, Dagnino e Escobar (1998) alertam que essa visão descentralizada de política e poder não pode nos impedir de perceber os jogos de força entre o Estado e a sociedade civil, já que é precisamente isso que moldará o espaço da cidadania e, consequentemente, o da subcidadania. Para que não se torne impossível transformar as rígidas hierarquias sociais, não podemos ignorar o papel do Estado como lócus privilegiado de ação política, pois isto seria reforçar a tendência que o liberalismo provocou na América Latina, de desqualificar a percepção das desigualdades sociais por meio da indiferenciação entre as realidades social, pessoal e política.

---

pondo em evidência as regras e pressupostos nos quais se baseia o comportamento de seus atores" (p. 1). Este conceito busca capturar interrelações entre cultura e estrutura política, mostrando que a visão ocidental do mundo é limitada e que o comportamento político deveria levar em conta os processos de socialização, o que na prática significa considerar a subjetividade e os espaços sociais distintos, como a família, a escola e o trabalho, para a compreensão da política, enfocando os modos como a sociedade interpreta, elabora e vivencia suas instituições políticas.

No Brasil, os estudos sobre movimentos sociais demoraram a perceber na homossexualidade um espaço de antagonismo social e produção de identidades coletivas e políticas. Os estudos sobre estes agrupamentos desde o início estiveram ocupados em enfocar questões mais político-identitárias do que político-institucionais. Isto manteve a luta contra o preconceito e a discriminação sem um inimigo claro, relegando ao plano privado e à cultura toda a hierarquização em virtude das posições sexuais, além de associar esta luta a outras, tais como a luta contra a ditadura e a desigualdade social (Marsiaj, 2003), dissolvendo nelas seu teor político. Talvez por essa razão a maior parte dos estudos sobre movimentos organizados e a politização da homossexualidade surja da antropologia, tal como os estudos de Fry (1982), MacRae (1990) e muitos outros.[3] No difuso contexto brasileiro, os movimentos negro, homossexual e feminista tiveram que construir seus adversários em função da invisibilidade e da fragmentação do preconceito em nossa cultura.

Este panorama já não coincide mais com o diagnóstico atual. Estudos sobre os movimentos sociais GLBTs têm crescido muito no Brasil, em diversos campos de conhecimento, evidenciando a crescente importância política destes atores para a sociedade. Hoje temos movimentos GLBTs em muitos países, associações regionais e internacionais em constante comunicação, e que formam um grupo, apesar de demasiadamente heterogêneo, articulado e influente na agenda política global.

Nessa perspectiva, consideramos extremamente importante conhecermos um pouco dessa história, objetivando elaborar um enfoque mais completo sobre o que significa a luta por direitos

---

3. A tradição de pesquisa sobre estas temáticas são ainda muito fortes no campo da antropologia, principalmente na Unicamp (Arney, Fernandes e Green, 2003). É interessante notarmos que embora o primeiro desses estudos tenha surgido na sociologia, este permaneceu inacessível durante algumas décadas (Green e Trindade, 2005).

sexuais, e uma compreensão da homossexualidade interpelada no âmbito público.

5.1 Os três momentos do movimento GLBT

Três momentos são importantes para pensarmos a organização e o surgimento do movimento homossexual (Silva, 2004). O primeiro momento se refere ao surgimento de diversas organizações e personalidades, em países europeus, e que vai de meados do século XVIII, torna-se mais nítido em meados do século XIX e se encerra no início do século XX.

O segundo momento se refere ao movimento homófilo que se inicia após a Segunda Guerra Mundial e termina nas *Stonewall Riots*. Nessa fase, "se pode observar o desenvolvimento e a expansão de um movimento de liberação lesbigay melhor organizado e ideologicamente orientado ao assimilacionismo social" (Silva, 2006, p. 149).

O terceiro momento se refere especificamente aos movimentos que integram a fase atual e surgem após 1969, onde teria acontecido

> uma volta radical na história do mundo *gay* e, na continuação, afetaria à história do mundo moderno em geral, ao dar lugar à configuração social e política de uma minoria que exerce uma influência cada vez maior sobre as instituições e a cultura. O conceito de liberação e o sentido da própria dignidade de inumeráveis pessoas em todo o mundo se veriam afetados decisivamente por aqueles acontecimentos. (Herrero Brasas, apud Silva, 2006, p. 149)

Esta fase do movimento GLBT é chamada por muitos de "Gay Liberation", ou "Liberação Gay". Embora vários grupos do movimento homófilo tenham atravessado as décadas seguintes, alguns existentes até hoje, certas transformações são extremamente significativas, e uma das mais importantes é a segmentação das identidades sociais. Em vez do uso genérico do termo homófilo, emerge uma heterogeneidade de termos que buscam aglutinar e descrever demandas e identificações distintas, tais como gays, lésbicas, bissexuais, travestis, transsexuais e transgêneros, que são a porta de entrada para acessarmos e compreendermos estes movimentos hoje.

5.2 Os embriões do movimento GLBT

Nesta primeira fase dos movimentos GLBTs, o que encontramos é uma série de acontecimentos isolados que começam a criar o embrião de uma cultura marginal que desafiava a moral sexual vigente. Des'construir essa lógica cultural exigiu coragem, criatividade e liberdade de pensamento de muitos ao longo da história.

Uma pesquisa rápida pela internet revelará uma infinidade de cronologias e linhas do tempo que tentam reconstruir esta história, sendo que algumas remetem a acontecimentos de 12 mil anos antes de Cristo. Neste sentido, identificar precisamente o histórico da resistência a esses valores não é uma tarefa simples, pois estando presente em quase todas as sociedades, e em cada uma delas ocupando posições sociais distintas, a homossexualidade e as hierarquias sociais se envolvem na trama histórica entre as diferentes culturas humanas. Além disto, o lugar de subalternidade dos homossexuais foi construído a partir de um silenciamento, muitas vezes violento, das vozes contrárias, como já apontamos, o que em muito contribuiu para a invisibilidade dos padrões de comportamento não heterossexuais. Por esta razão, fontes de informação democráticas e dinâmicas como a internet têm sido importantes para a reconstrução e registro desta história.

Ao voltarmos demasiadamente no tempo, descontextualizando fatos e valores, podemos nos perguntar sobre o quanto essas iniciativas influenciaram ou não o contexto sociopolítico de cada época. Entretanto, elas não deixam de ser exemplos contundentes de que a construção cultural hegemônica em torno dos valores sexuais não é e nunca foi um consenso sem resistências.

Uma vez que este livro se reporta à sexualidade enquanto uma questão posta pela modernidade, ganham importância acontecimentos engendrados no contexto de secularização do mundo ocidental.

A partir de meados do século XVIII começam a aparecer manifestações contrárias às instituições que puniam ou recriminavam comportamentos não heterossexuais no interior dos Estados, como a lei inglesa que condenava à morte por enforcamento todos os que praticassem a sodomia e o parágrafo 175 do Código Penal alemão.

Correntes do pensamento secular humanista, que foram as bases de pensamento que orientaram a Revolução Francesa, foram muito importantes para fundamentar tais atos de resistência. Não por outro motivo, a França foi o primeiro Estado a descriminalizar a homossexualidade. Essa iniciativa foi solicitada por grupos organizados de "cidadãos sodomitas", que forçaram o corpo administrativo da Revolução Francesa a reconhecer seus direitos a igualdade e liberdade.

Descriminalizar foi um passo importante na luta contra o preconceito na França, mas se a laicização do Estado ainda é motivo de debate e polêmica nas democracias contemporâneas, podemos imaginar que no período no qual surgia o Estado moderno a influência religiosa era ainda mais forte. Talvez por isso muitas vezes o anonimato era o melhor caminho para expressar opiniões sem punição. Dessa época em diante, livros, manifestos e poesias foram publicados com o objetivo de questionar a moral sexual de sua época, sendo muitos deles anônimos.

Como vimos no Capítulo 2, mais ou menos nesse período começou a ser "inventada" a distinção entre heterossexuais e homossexuais (Katz, 1996), que traz algumas ambiguidades. Se por um lado esta cisão provocou uma essencialização do homossexual, naturalizando sua condição "inferior" em relação às identidades sexuadas, por outro foi possível a descriminalização da homossexualidade ao retirar o caráter de crime ou pecado que deveria ser punido, atribuindo o caráter de doença que deveria ser tratada. A heterossexualidade passou a ser identificada com padrões de normalidade que caracterizaram a sexualidade das novas elites burguesas (Costa, 1995a).

No berço dessa distinção, que traria implicações culturais das mais profundas no Ocidente, está um dos pioneiros do Movimento GLBT, o alemão Karl Heinrich Ulrichs. A partir de 1869, Ulrichs publicou doze livros com suas teorias, que vinculavam a sexualidade a seus princípios biológicos, afirmando que um amor sexual feminino podia existir em um corpo masculino. Ulrichs cunhou os termos *Uranier*, que seria o corpo masculino habitado por uma mente feminina, e seu oposto *Dioning*, que seria o "homem de verdade", que amava mulheres. Posteriormente, cunhou uma expressão para designar os corpos femininos que abrigavam desejos masculinos, *Urninde* (Katz, 1996).

Embora Ulrichs associasse padrões heterossexuais à "normalidade", acreditando na existência de um instinto sexual único, afirmando que amar alguém do mesmo sexo era amar alguém do sexo "errado", ele "argumentou que o desejo erótico do Urning por um homem de verdade era tão natural quanto o amor Dioning do homem e da mulher de verdade" (Katz, 1996, p. 62). Nesse sentido, suas teorias apontavam que, embora de um lugar inferior, "as emoções dos Urnings eram biologicamente inatas, portanto naturais para eles, e que por isso os seus atos não deveriam ser punidos por qualquer lei contra a fornicação antinatural" (Katz, 1996, p. 63).

A militância de Ulrichs contra a lei da sodomia provocou alguma agitação na época e estimulou os psiquiatras a tipificarem a sexualidade e o campo médico a se fragmentar, criando especialidades médicas com relação à diferença entre os sexos e ao erotismo (Katz, 1996).

Outro reformador sexual importante na história da "contra-hegemonia sexual" foi o escritor Karl Maria Kertbeny. Ele também criou uma tipificação dos comportamentos sexuais[4] e, ironicamente, com os mesmos objetivos emancipatórios de Ulrichs, foi responsável por divulgar publicamente o termo "homossexual" pela primeira vez, em um "folheto anônimo contra a adoção da lei da fornicação antinatural em toda a Alemanha unida" (Katz, 1996, p. 64). Os comportamentos não reprodutivos eram taxados de degenerativos, e os argumentos de Kertbeny se construíram no sentido de afirmar que tanto o "heterossexual" quanto o "sexual normal" podem se degenerar.

Nesse período, nomes como o de Oscar Wilde ganham importância por tornarem amplamente visíveis comportamentos e ideias que desafiavam a moral burguesa.

Magnus Hirschfeld talvez seja um dos mais expressivos vultos históricos que plantaram os embriões desses movimentos, tanto por ser o responsável pelo primeiro grupo organizado a se colocar publicamente a favor da homossexualidade, quanto por já apresentar algumas formas de militância utilizadas até hoje por movimentos sociais contemporâneos.

Em 1898, Magnus Hirschfeld criou o Comitê Científico Humanitário que realizou determinadas ações, como uma pesquisa para medir a incidência da homossexualidade e uma campanha pública contra o artigo 175 do Código Penal alemão, que coletou assinaturas e foi encaminhada para o Parlamento. Hirschfeld fun-

---

4. "Em uma carta para Ulrichs, datada de 6 de maio de 1868, outro antigo reformador sexual, o escritor Karl Maria Kertbeny, usou privadamente quatro novos termos que inventara: monossexual; homossexual; heterossexual; e heterogenit" (Katz, 1996). Segundo Katz (1996), esses termos significam respectivamente: masturbação praticada por ambos os sexos; atos eróticos entre pessoas do mesmo sexo, masculinos ou femininos; atos eróticos entre humanos e animais.

dou, em 1899, o *Anuário de Intermediários Sexuais*, que era uma revista anual dedicada à luta por direitos civis; em 1919, o Instituto de Investigações Sexuais; e em 1921, a Liga para a Reforma Sexual, que chegou a contar com 130 mil membros (Silva, 2006).

Adolf Brand, discordando da concepção de Hirschfeld sobre o sexo intermediário, rompe com o Comitê Científico Humanitário. Em 1907 foi o primeiro ativista da história a usar o *"outing"* como estratégia política, denunciando a sexualidade de um chanceler alemão, o que lhe rendeu dezoito meses de prisão. Brand também se destacou muito nesse período, não compartilhando da ideia de Hirschfeld, de que os homossexuais eram amaldiçoados e degenerados, e por isso não deviam ser castigados. Ao mesmo tempo em que defendia que desde que o homem não fosse afeminado, nada havia de errado nos comportamentos homossexuais, ele defendia a superioridade da cultura clássica grega e foi um militante ativo do partido nazista (Silva, 2006).

Brand não foi perseguido pelo nazismo, mas Hirschfeld, que além de homossexual era judeu, teve de se exilar, e com isso o Instituto Magnus Hirschfeld de Ciência Sexual foi fechado em 1933 pelos nazistas, que, como sabemos, perseguiram rigidamente os homossexuais e outras minorias sociais (Katz, 1996).

5.3 O movimento homófilo

Esta fase do movimento pode ser identificada com os acontecimentos que tiveram início na década de 1940, com publicações e grupos organizados voltados para a descriminalização da homossexualidade, na Dinamarca e nos Países Baixos, e que nas décadas de 1950 e 60 se expandiram para Suécia, Noruega, Estados Unidos, França, Inglaterra e várias outras nações. O uso da palavra homófilo, em vez de homossexual, era uma tentativa de enfatizar mais o amor entre pessoas do mesmo sexo do que simplesmente os comportamentos sexuais.

Nessa fase o movimento gay e lésbico americano oscilou entre momentos de moderação/assimilação e momentos de militância/liberação com grupos associados em maior ou menor grau a filosofias de base marxista (Engel, 2001). É interessante observarmos que essa oscilação aconteceu de forma semelhante em grande parte dos movimentos sociais surgidos após a Segunda Guerra Mundial.

Espalhados por diversos países do hemisfério norte, diversas organizações começaram aos poucos a questionar o *status* social da homossexualidade. Podemos encontrar uma variedade de grupos e publicações que contribuíram para a construção de novas identidades homossexuais e estratégias de enfrentamento que influenciariam fortemente a próxima fase desse movimento. Algumas dessas organizações atravessaram a segunda metade do século XX e permanecem em atividade até hoje. É importante observar que não é a data ou o período que é determinante aqui, mas sim os estilos de militância, as concepções sobre a homossexualidade e sobre o universo das práticas sociais e as estratégias políticas. Listamos a seguir algumas organizações que fizeram parte desta história.

Dentre essas organizações destacamos, no contexto estadunidense, a importância de duas principais, a The Daughters of Bilitis e a Mattachine Society, que foram as mais ativas desse período. Delas surgem as principais dissidências e marcos importantes que viriam a formar os movimentos do Gay Liberation.

A The Daughters of Bilitis foi o primeiro grupo organizado de lésbicas dos EUA. Fundado na Califórnia, em 1955, foi uma alternativa importante para as lésbicas exercerem sua sexualidade, uma vez que o acesso a bares era mais restrito às mulheres que aos homens. O grupo foi bastante atuante nas décadas de 1950 e 60, dissipou-se nos anos 1970 em função de dissidências partidaristas e feministas. Foram criadas facções deste grupo na Austrália e em várias cidades dos EUA, como Nova York, Los Angeles, Nova Jersey, Detroit, Chicago etc.

Fundada em Los Angeles, nos anos 1950, a Mattachine Society foi a primeira organização do movimento homófilo dos Estados

PRECONCEITO CONTRA HOMOSSEXUALIDADES 95

Lista de Algumas Publicações e Organizações do Movimento Homófilo*

PAÍS	DATA	Organização/Publicação
Holanda	1946	COC – Sigla que em alemão significa Centro de Cultura e Recreação. Foi a primeira organização GLBT que se tem registro, e permanece em atividade até hoje (http://www.coc.nl). Entre muitas outras publicações, editaram a revista *Vriendschap*, entre 1949 e 1964. (O acervo da *Vriendschap* está disponível para download em: <http://www.ihlia.nl/dopage.pl?pagina=pdflib& vest iging=ihlia&dir2=Vriendschap>
Dinamarca	1948-??	Forbundet af 1948 ("Liga de 1948"), fundada por Axel Axgil. Publica uma revista, em associação com Helmer Fogedgaard, chamada *Vennen* (*O Amigo*) entre janeiro de 1949 até meados de 1953. Fogedgaard usou o pseudônimo "Homophilos", introduzindo o conceito de "homófilo", palavra que tinha sido cunhada previamente por um dos fundadores do COC holandês. Esse termo se tornou bastante popular no pós-guerra, enfatizando o lado romântico das relações homossexuais. Foram formadas filiais na Suécia e na Noruega em 1950.
France	1954-82	Arcadie – Mouvement homophile de France. Foi o primeiro grupo formado na França. Publicou um jornal com o mesmo nome.
Sweden	1950-??	Riksförbundet för sexuellt likaberättigande (RFSL) – Organização inicialmente formada como uma filial da dinamarquesa Forbundet af 1948, foi liderada por Allan Hellman e ficou conhecida como Swedish Federation for Lesbian, Gay, Bisexual and Transgender Rights.

* Tabela elaborada principalmente a partir dos sites abaixo, onde podem ser encontrados relatos mais detalhados e completos sobre as organizações listadas, não só nesta tabela, mas em todo este capítulo: <http://en.allexperts.com/e/t/ti/ timeline_of_lgbt_history.htm>; <http://www.glbthistory.org/>; <http://www. fordham.edu/halsall/pwh/index.html>; <http://en.wikipedia.org/wiki/homophile>; <http://en.wikipedia.org/wiki/gay_rights>; <http://www.ihlia.nl>; <http://www.glbtq.com>; <http://gaytoday.badpuppy.com/garchive/reviews/ 070201re.htm>; <http://members.aol.com/matrixwerx/glbthistory/mattachine. htm>; <http://members.aol.com/matrixwerx/glbthistory/bilitis.htm> e <http:// www.aaronsgayinfo.com/timeline/Ftime.html>.

United Kingdom	1958	Homosexual Law Reform Society. Em 1970 se transformou em Sexual Law Reform Society. Considerada por muitos uma organização conformista, chegou a organizar alguns debates públicos. Disponível em: <http://en.wikipedia.org/wiki/Homosexual_Law_Reform_Society>.
	1964	Campaign for Homosexual Equality. A partir de 1969 se tornou o Comitê para a Igualdade Homossexual, e em 1970, Campanha pela Igualdade Homossexual. Foi uma das poucas organizações que buscou contato com as bases, rejeitando o elitismo vigente entre as demais organizações da época. Disponível em: <http://en.wikipedia.org/wiki/Campaign_for_Homosexual_Equality>.
United States	1924-25	The Society for Human Rights. Inspirada em uma organização semelhante na Alemanha, publicou alguns números de um periódico chamado *Friendship and Freedom*. Seu idealizador, Henry Gerber, e mais alguns membros foram presos. Não existe nenhuma cópia conhecida deste periódico.
	1947-48	*Vice Versa: America's Gayest Magazine* (*Vice Versa: A Revista mais Gay da América*) – Foi a primeira publicação lésbica (ou *gay*) dos Estados Unidos. Lisa Ben (um anagrama de "a lésbica"), uma secretária de 25 anos, de Los Angeles, fundadora da revista, disse que escolheu o nome "porque nos dias de hoje, nosso estilo de vida foi considerado um vício".
	1950-87	The Mattachine Society. Uma das precursoras do grupo do "Gay Liberation". Publicou o *Mattachine Review* (1955-66) e *Homosexual Citizen* (publicado pelo Washington Chapter, 1966-??).
	1955	The Daughters of Bilitis. Publicaram os periódicos *The Ladder* (1956-72); *Focus* (publicado pelo Boston Chapter, 1971-83); *Sisters* (Nacional, publicado em San Francisco, 1971-75). *The Ladder* foi uma das revistas mais importantes do movimento GLBT estadunidense, repensando a identidade lésbica por meio de notícias do movimento homófilo, poesias, histórias, biografias e narrativas pessoais.

1952	ONE, Inc. Publicaram a revista *One Magazine* (1953-72) e a *Homophile Studies* (1958-64). A *One Magazine* foi concebida nas primeiras reuniões da Mattachine Society e obteve picos de circulação de 16 mil exemplares. Esta revista chegou a ser processada durante quatro anos pela suprema corte estadunidense, sendo que ao final foi absolvida do processo, em uma vitória jurídica marcante para o Movimento Homófilo.
1962-69	The Janus Society. Publicaram o boletim informativo *Drum — Sex in Perspective* (1964-69). Dirigida ao público masculino, alcançou a tiragem de 10 mil exemplares em 1966. Esta publicação foi muito importante, pois foi uma das primeiras a fugir de uma postura assimilacionista, com provocação e humor. Devido ao sucesso deste periódico, seu editor, Clarck Polak, teve de cancelar sua circulação como forma de escapar de um processo por divulgação de material obsceno.
1964-76	Society for Individual Rights. Responsáveis por publicar a revista *Vector* (1965-77), este grupo foi muito atuante, chegando a ter mais de mil membros antes de 1968. Fundaram, em 1966, o primeiro centro nacional da comunidade *gay* e lésbica, e organizaram diversos eventos como jantares, eventos esportivos, viagens, aulas de arte, grupos de meditação.
1965-69	The Homosexual Law Reform Society.
1967	*The Advocate* — Revista que obteve grande sucesso comercial. Foi fundada com a intenção de ser o boletim informativo da organização Personal Rights in Defense and Education (Pride). Entretanto, adquiriu vida própria, propondo-se a ser uma voz para toda a comunidade *gay*. Embora seja claramente direcionada para o público masculino, é tida por muitos como a voz mais consistente do movimento de liberação *gay* estadunidense.
1966-69	*Phoenix: Midwest Homophile Voice*. Revista publicada em Kansas City, Missouri.
1969-70	Homophile Action League. Organização da Filadélfia que publicou o *HAL Newsletter*.

Unidos. Embora não tenha sido o primeiro grupo a lidar com direitos homossexuais, foi muito importante e contribuiu enormemente para avançar as discussões relativas à liberdade sexual nos EUA. Em grande parte de sua história praticou uma política principalmente voltada para uma aceitação pública da homossexualidade.

A maioria de seus fundadores era comunista e radical da esquerda, e investiu bastante em discussões sobre a conscientização dos homossexuais, contribuindo para que muitos pudessem compartilhar abertamente sentimentos e experiências. Publicaram boletins informativos importantes, como o *Mattachine Review* e *Homossexual Citizen*. Já no começo dos anos 1950, a Mattachine Society se proliferou pelos EUA, com subgrupos espalhados por várias cidades americanas. A atuação da Mattachine oscilou entre momentos assimilacionistas, conformistas e outros mais radicais. Talvez tenha sido a organização mais importante do movimento homófilo, sendo umas das precursoras do Gay Liberation e influenciando toda uma tradição de ativismo.

5.4 Liberação *Gay* ou *Gay Liberation*

Este momento se configura como uma série de acontecimentos no mundo *gay* que se confundem com um conjunto mais amplo de transformações na sociedade. Diversos movimentos de contracultura se empenhavam em transformar valores básicos na sociedade, no cotidiano, na família, nas relações amorosas. Nesse período é marcante um crescimento da visibilidade das comunidades *gays* e dos homossexuais, que passaram a se apropriar cada vez mais do espaço público, a partir da construção do orgulho sobre a própria identidade sexual.

De um modo geral, militantes e pesquisadores consideram as Stonewall Riots como o nascimento do movimento *gay* contemporâneo. Elas foram decisivas na luta pela igualdade dos homossexuais, pois pela primeira vez, gays e lésbicas puderam manifestar publicamente antagonismos políticos contra a opressão sobre orientação sexual.

No dia 28 de junho de 1969, como já havia acontecido diversas vezes e ainda acontece em vários lugares do mundo, a polícia local invadiu um bar de frequência homossexual localizado no bairro Greenwich Village, em Nova York. Nesse dia, no bar que até hoje leva o nome de Stonewall, teve início um levante coletivo contra a repressão policial o qual durou várias semanas.

Aproximadamente trinta dias após esses conflitos, alguns homossexuais começaram a se mobilizar, distribuindo panfletos que anunciavam a insatisfação dos homossexuais e a formação de uma aliança que veio a constituir o Gay Liberation Front (GLF), uma importante entidade de militância homossexual que influenciou a prática política de ativistas nos Estados Unidos e no mundo. Esses acontecimentos foram tão marcantes para o processo de democratização estadunidense que em 1999 o governo dos EUA proclamou o Stonewall como um local histórico nacional, e em 2000 como um marco histórico.

A partir de 1970, no dia 28 de junho, começaram a aparecer marchas em Nova York (e em outros lugares do mundo) com a tarefa de comemorar os acontecimentos de Stonewall e protestar contra o preconceito ainda hegemônico. Essas marchas vieram se configurando no que hoje representa um fenômeno internacional de enorme proporção: as paradas GLBTs.

É importante termos em vista que esses conflitos inspiraram um movimento, com novas estratégias e concepções políticas, relacionado com a apropriação do mundo público. Talvez por isso o *"outing"* e as paradas *gays* sejam tão marcantes nessa fase do movimento. Isto fica evidente no manifesto publicado pelo Gay Liberation Front em 1971, que expressa toda a insatisfação com a condição de opressão e a conscientização dos homossexuais no período.[5]

---

5. O manifesto original está disponível em: <http://www.fordham.edu/halsall/pwh/glf-london.html>.

O surgimento das Stonewall Riots e dos consequentes movimentos sociais que se organizaram a partir de então foi resultado de um processo histórico complexo que trouxe diversas mudanças nas relações sociais que interpelavam de alguma forma a questão da homossexualidade elevando-a de um problema individual para um problema social (Engel, 2001).

De fato, alguns meses após as Stonewall Riots, os grupos organizados em torno destas questões passaram de poucas dezenas para cerca de 400 grupos apenas nos Estados Unidos. Como já sinalizamos anteriormente, esses conflitos não se deram no vazio, foram fruto de uma série de transformações sociais relacionadas em grande parte à Segunda Guerra Mundial e fermentadas pelo associativismo proporcionado pelos Movimentos Homófilos. Segundo Engel (2001, p. 23), podemos listar quatro fatos históricos principais relacionados à Segunda Guerra Mundial, e que seriam responsáveis pela erupção dos movimentos homossexuais atuais nos Estados Unidos:

1) No período de guerra, muitos homossexuais foram identificados durante o recrutamento ou durante a guerra;

2) O ambiente de guerra manteve em contato cotidiano muitos homossexuais, o que permitiu a formação de novas concepções sobre a identidade/personalidade homossexual, tanto por parte dos que praticavam a homossexualidade, quanto por parte dos que lutaram ao lado de homossexuais;

3) No período de guerra se tornou comum o estabelecimento de intimidade entre os soldados que, devido ao isolamento provocado pela guerra, puderam explorar sentimentos e desejos homossexuais;

4) O contexto de guerra provocou o enfraquecimento dos padrões dos papéis de gênero. Com o recrutamento de uma parcela significativa da população masculina americana, hábitos diversos da vida cotidiana foram alterados, levando muitas mulheres a se mudarem para zonas urbanas e, muitas vezes, vivendo em grupos compostos de maioria feminina, criando o espaço perfeito para explorarem sexualidades lésbicas. Essas mudanças também demandaram das mulheres a atuação em profissões tipicamente masculinas.

Além disso, com a Segunda Guerra, várias transformações sociais no espaço do mercado se acentuaram, diminuindo ainda mais o papel da família como lócus de produção, o que também contribuiu para a relativização dos papéis sociais. Podemos ainda inferir que a derrota do nazismo e o terror do holocausto trouxeram, mesmo que temporariamente, alguma recusa visível às formas de discriminação e ideologias discriminatórias.

Finalmente, terminada a Segunda Guerra, foi impossível um retorno aos padrões antigos, e o isolamento que era imposto aos homossexuais foi rompido, demandando mais espaços de sociabilidade específicos que surgiram pela via do mercado com a criação de bares e outros locais.

Entender os fenômenos humanos sem ignorarmos as complexidades apresentadas por eles implica sairmos de uma concepção científica que associa as diversas variáveis em termos de *causalidade*, e passarmos para uma concepção que observa os fenômenos em termos de *relações* ou *interrelações*.[6] Nesse sentido, para entendermos a emergência das Stonewall Riots e a consequente erupção dessas demandas sociopolíticas ligadas à sexualidade, não podemos ignorar uma série de transformações culturais no campo da música, teatro, cinema e outros, que questionaram fortemente os padrões da época, tornando o contexto mais favorável à expressão pública de sentimentos, desejos, práticas e demandas sociais homossexuais (Engel, 2001).[7]

Na década de 1970 as raízes do movimento homossexual estadunidense contemporâneo foram se constituindo, se fortalecendo e sendo exportadas para diversos outros países do mundo. Nesse período surgiram muitas organizações que entraram na luta em

---

6. Elias (1994), discutindo a relação entre indivíduo e sociedade, defende sua "sociologia dos processos" como uma abordagem que tem por objetivo superar tais reducionismos.

7. Para uma discussão mais aprofundada sobre essas transformações culturais, ver Capítulo 2.

busca de direitos civis para homossexuais, e o contexto que engendrou essas novas formas de militância nos leva a considerar as profundas interrelações entre política e cultura.

Com os "novos movimentos sociais", a distinção entre processos de exclusão estruturais e processos de exclusão simbólicos abre discussões. O contexto político social dessa época fez com que o movimento em prol dos direitos homossexuais associasse ao seu discurso demandas de outros grupos oprimidos, tais como reivindicações feministas e dos movimentos negros.[8] Estes movimentos buscaram reconhecer, na combinação entre cultura e política, a formação de uma nova esquerda, na qual a liberação *gay* se associava a outras demandas político-sociais, indo contra a hegemonia masculina heterossexual branca, dominante na sociedade capitalista. Nesse período é marcante o surgimento da organização Gay Liberation Front, que se insurgia contra a política assimilacionista da Mattachine Society e defendia uma adesão ao discurso dessa nova esquerda. Isso provocou dissidências que fundaram a Gay Activist Alliance, defensora de uma militância especificamente homossexual[9] (Engel, 2001).

Ao final da década de 1970 e início da de 1980, notou-se um enfraquecimento do movimento americano em virtude de contra-movimentos conservadores e de rupturas internas entre *gays* e lésbicas, por conta de diferenças de gênero (Engel, 2001). Os movimentos que lutavam por direitos civis foram perdendo o radicalismo,

---

8. É importante deixarmos claro que estas junções nunca foram livres de conflito. Os conflitos resultantes da sobreposição de demandas de segmentos populacionais distintos são chamados por Mouffe (1988) de antagonismos plurais, e são considerados uma característica intrínseca aos regimes democráticos contemporâneos. Durante nossas pesquisas frequentemente nos deparamos com esses antagonismos plurais.

9. É interessante notarmos que essa divergência entre posturas que defendem a incorporação de discursos diversos na militância e posturas que defendem uma especificidade aparece em outros autores (MacRae, 1990; Facchini, 2005 e outros) e em nossos apontamentos de campo.

PRECONCEITO CONTRA HOMOSSEXUALIDADES   103

e o projeto de transformar as bases da realidade social como um todo deu lugar a um movimento amplamente institucionalizado e formalista, o que enfraqueceu ainda mais o contato que estes movimentos tinham com as bases da população, diminuindo significativamente a capacidade de mobilização social dos mesmos (Bernstein, 1997).

Esse aparente enfraquecimento só foi se reverter nos anos 1980, com a visibilidade homossexual proporcionada pela Aids. A questão da Aids provocou, além de um aumento da visibilidade da comunidade gay e lésbica, recursos estruturais para a manutenção dos movimentos. Isso se tornou realmente positivo quando a Aids deixou de ser a peste gay, ficando claro que qualquer um era suscetível à contaminação. Todavia, os contramovimentos conservadores que utilizaram a epidemia para contaminar com o preconceito a homossexualidade, bem como fraturas no interior dos movimentos, contribuíram para que a pauta das discussões fosse deslocada dos ideais de liberalização sexual por ideais de não discriminação, cindindo de vez a já enfraquecida relação entre a liberação homossexual e a liberação sexual de um modo geral (Engel, 2001).

Não resta dúvida que os movimentos GLBTs americanos influenciaram decisivamente muitos militantes ao longo do globo, e hoje percebemos que em vários países a maioria dos grupos tem apresentado a tendência de estabelecerem intercâmbio cada vez maior entre as iniciativas locais, estrategicamente colocadas na arena política sob o formato de ONGs,[10] com associações nacionais[11] e supranacionais, como a Ilga[12] (International Lesbian and Gay

---

10. Ortiz (2006) discute em sua faceta negativa e positiva como o formato de ONGs, de estrutura organizacional leve, é por definição o modelo de ativismo em tempos de globalização.

11. No Brasil temos, por exemplo, a ABGLT (Associação Brasileira de Gays, Lésbicas e Transgêneros, disponível em: <http://www.abglt.org.br>) e a Liga Nacional das Lésbicas.

12. Disponível em: <http://www.ilga.org>.

Association) e a IGLHRC[13] (International Gay and Lesbian Human Rights Commission).

A Ilga foi fundada em 1978 e é muito influente na Europa, onde é uma das associações consultivas da União Europeia (Silva, 2006). Já a IGLHRC foi fundada em 1990 e é mais influente no contexto norte-americano, e discute direitos sexuais exclusivamente no âmbito dos direitos humanos.

Estas organizações atuam em espaços de negociação internacional, tais como a ONU, a OMS e a APA, incentivam e apoiam o protagonismo social em vários locais ao longo do globo e promovem conferências para compartilhar experiências e programar ações conjuntas entre ativistas de diversos lugares.

5.5 O movimento "Guei"

Para compreendermos os caminhos da politização da homossexualidade no Brasil não podemos ignorar que, intrinsecamente relacionado aos processos de globalização, o Movimento GLBT de diversos países do mundo sempre estiveram em trocas constantes de informações e influências. Exatamente por isso, poderemos identificar movimentos análogos em contextos distintos e até cultural/geograficamente muito distantes. No Brasil, bem como em outros países da América do Sul, podemos afirmar que o surgimento dos grupos GLBTs foi influenciado diretamente pelas experiências organizativas dos movimentos estadunidenses e europeus. Vários dos primeiros militantes brasileiros passaram por experiências no exterior antes de começarem a militar no Brasil, como considera Luís Mott:[14]

---

13. Disponível em: <http://www.iglhrc.org>.

14. Luís Mott é um dos militantes mais influentes e decano do Movimento GLBTT Brasileiro, fundador do GGB (Grupo Gay da Bahia), um dos poucos grupos que atravessou os anos 1980 e permanece em atividade.

o fundador do movimento no Brasil o gaúcho, advogado, João Antônio Mascarenhas que vivia no Rio de Janeiro e que em 1977 trouxe para o Brasil o editor de uma publicação gay chamada *Gay Sunshine*, With Leila, incentivando a mobilização dos homossexuais para a fundação do jornal *Lampião* e consequentemente de grupos homossexuais em São Paulo, Rio e Bahia".[15]

Entretanto, cabe-nos considerar as especificidades e as reinterpretações que se processaram no contexto brasileiro. Como pretendemos demonstrar, identificar estas origens não é um processo neutro, e relatos da história serão sempre versões. Autores como Green e Polito (2004), Facchini (2005), Câmara (2002), Green (2000a) e MacRae (1990), trazem informações que nos permitem apreender uma parte considerável da história dos movimentos homossexuais no Brasil, com enfoque marcante sobretudo nos grupos surgidos em São Paulo e, em menor destaque, no Rio de Janeiro, com menções ao GGB (Grupo Gay da Bahia) e alguns outros poucos grupos.

Na hierarquização da política e do universo de valores morais que se disputam nessa arena identificamos, a partir de material jornalístico da época, apresentado por Green e Polito (2004), mostras de como as relações coloniais operam neste campo. Analisando as matérias sobre a homossexualidade e os processos de mobilização da imprensa brasileira do fim dos anos 1960 e anos 1970, é nítida a diferença do tratamento dado aos contextos brasileiro e americano. Enquanto as matérias que noticiavam as mobilizações políticas GLBTs americanas, tais como as de Stonewall em 1969, enfatizaram o caráter político e contestatório em seu viés democratizador, as matérias que tratavam do tema no Brasil se restringiram aos aspectos psicológicos e de sociabilidade, quase sempre ironi-

---

15. Entrevista recebida por e-mail em 26 de abril de 2003. Disponível em: <http://br.groups.yahoo.com/group/listagls/message/30457>.

zados sob a lente de uma moralidade conservadora. Mesmo na segunda metade dos anos 1970, com o surgimento de iniciativas de incipiente teor político, os jornais mantiveram o tom jocoso e um direcionamento editorial claramente conservador (Green e Polito, 2004).

Isto nos alerta para o perigo de acreditarmos na falácia da popular expressão "não existe pecado abaixo da linha do equador".[16] Como vimos, nem todas as mulatas nuas no carnaval do Rio de Janeiro são suficientes para esconder que o Brasil é um dos países mais homofóbicos do mundo.[17]

5.6 Militâncias homossexuais no Brasil

Green (2000a) defende que já havia, no final da década de 1960, condições propícias para o surgimento da militância homossexual no Brasil, e que estas foram abafadas pela repressão autoritária da ditadura militar. Facchini (2005) discorda desse argumento, apontando que o autor ignora as dinâmicas internas e adota uma postura evolucionista, além de não levar em consideração os efeitos positivos, uma vez que a ditadura pode ter sido determinante na constituição do caráter antiautoritário do movimento homossexual brasileiro. Nesta perspectiva, o Estado totalitário se transformou em um elemento simbólico e estrutural, um inimigo comum, capaz de aglutinar os espíritos revolucionários.

Inegavelmente, João Antônio Mascarenhas foi um dos pioneiros dessa luta (Howes, 2003). Entretanto, é consenso que o movi-

---

16. Green (2003) associa o "mito da igualdade sexual" ao mito da "igualdade racial" na sociedade brasileira, sinalizando para uma forma específica de sociabilidade que é típica de nossa cultura.

17. Não podemos nos esquecer que o Brasil também abriga outras mazelas sociais ligadas à sexualidade, como alto índice de violência de gênero, de violência sexual contra crianças e adolescentes, prostituição infantil, entre outras.

PRECONCEITO CONTRA HOMOSSEXUALIDADES

mento homossexual brasileiro organizado surge com a fundação do Grupo Somos de Afirmação Homossexual, em 1978, período em que, segundo MacRae (1990), acontecia a abertura política do país. Com o fim da ditadura militar e o ressurgimento da sociedade civil por intermédio de importantes acontecimentos políticos,[18] se desenvolve na sociedade brasileira um clima de redemocratização das relações sociais.

Nesse período houve uma reposição de valores na política, no qual uma crítica ao marxismo ortodoxo abriu espaço para novas formas de contestação, sob forte influência da contracultura americana, onde "jovens estudantes e intelectuais voltavam suas preocupações para questões como o corpo, o erotismo, a subversão de valores e comportamentos" (MacRae, 1990, p. 20). Nesse contexto, "a total desvinculação entre sexualidade e procriação, possibilitada pelo advento da pílula anticoncepcional, aliada a uma crescente contestação da moral até então vigente e uma maior complacência familiar, tornava a vida sexual dos jovens brasileiros mais aberta e livre" (MacRae, 1990, p. 23).

É significativo o fortalecimento de diversos movimentos organizados de minorias sociais, tais como o Movimento Feminista e o Movimento Negro. As feministas, que em muito influenciaram os movimentos homossexuais desse período, foram as principais responsáveis por críticas contundentes à militância dos movimentos de esquerda, defendendo a importância de valores que até então eram desprezados pelos grupos de inspiração marxista-leninista que privilegiavam exclusivamente a luta de classes e tomavam como "burguesas" quaisquer outras formas de reivindicações[19] (MacRae, 1990).

---

18. É importante citarmos, entre tantos acontecimentos históricos, as greves operárias do ABC, que impulsionaram a carreira política do presidente da república Luiz Inácio Lula da Silva.

19. Esta crítica foi recolocada por diversos movimentos sociais no mundo todo, com vistas a incluir nas agendas políticas demandas de mulheres, negros, homos-

Após a abertura política, os espaços urbanos frequentados por homossexuais começam a se proliferar, dando mais abertura para a socialização deste segmento. Veículos alternativos de imprensa dedicados a temáticas homossexuais também começam a aparecer, proporcionando a troca de informações e o fomento de uma cultura homossexual brasileira. Esses veículos começam a surgir na década de 1960[20] e em abril de 1978 surge seu representante mais significativo: o jornal *Lampião da Esquina*. Este se destaca por tratar a questão da homossexualidade numa perspectiva política e por sua equipe editorial ter reunido personalidades célebres, como Darci Penteado, João Silvério Trevisan, Peter Fry entre muitos outros (MacRae, 1990).

> O surgimento do *Lampião da Esquina* representa bem o inconformismo diante da repressão e do conservadorismo que se abatia sobre uma parcela da sociedade brasileira; e utilizando-se dos periódicos, essa parcela tentava mostrar caminhos alternativos para o difícil período em que vivíamos. (Rodrigues, 2005, p. 71)

O *Lampião da Esquina* foi um dos representantes da imprensa alternativa brasileira que atingiram os mais altos e diversos níveis de

---

sexuais e minorias étnicas. Decerto podemos identificar que as tensões entre temáticas políticas específicas e gerais persistem até hoje no interior dos grupos militantes, dos partidos políticos, das ONGs etc.

20. As associações e publicações deste período eram pouco voltadas para temas políticos, tais como o jornal *Snob* (1963-69) e a Associação Brasileira de Imprensa Gay (1967-68) (Facchini, 2005). Entretanto, devemos reconhecer que o *Snob* foi muito importante nesse cenário, primeiramente porque teve uma vida longa, de julho de 1963 a junho de 1969, participando ativamente da circulação de informação nas redes de sociabilidade *gay*, influenciando a criação de pelo menos trinta jornais semelhantes. Em segundo lugar, o *Snob* aos poucos começou a dar mais atenção a temas políticos, discutindo aspectos da realidade brasileira na interface com a homossexualidade masculina (Green e Polito, 2004). Por essas razões, o *Snob*, junto com o *Jornal Lampião*, foram atores importantíssimos da imprensa alternativa brasileira na construção de uma identidade, de uma cultura e, consequentemente, de uma comunidade GLBT menos marginalizada (Rodrigues, 2005). Vale ressaltar que o primeiro periódico lançado no Brasil, que quebra com a hegemonia masculina, é a revista *Fon Fon*, de 1910, dirigida para o público feminino (Rodrigues, 2005).

PRECONCEITO CONTRA HOMOSSEXUALIDADES

transgressão e foi um divisor de águas na construção de identidades *gays*. Para Rodrigues (2005, p. 83), o *Lampião* "iluminou o caminho de várias pessoas que viviam à sombra de sua própria identidade. Foi importante para toda essa geração que pôde ver que não estava sozinha, que não era louca nem doente, e que existia um outro lado".

O *Lampião da Esquina* foi um dos principais responsáveis pelo surgimento do primeiro grupo militante brasileiro, o Grupo Somos, mantendo com ele íntima relação. Seu fim teve forte influência nos rumos do grupo.[21] O jornal também contribuiu para que essas transformações culturais e a quebra de tabus pudessem se alastrar, mesmo que timidamente, pelo interior do país, fugindo do eixo Rio de Janeiro — São Paulo, abrindo a discussão sobre os padrões morais vigentes. Era marcante o ideário nacionalista divulgado pelo jornal e que os militantes da época carregavam consigo. Um sinal disto foi a utilização do termo "guei", em vez de *gay*.[22]

O nacionalismo no movimento GLBT se faz mais interessante ainda se pensarmos que seu surgimento e algumas formas de militância foram profundamente influenciados pela experiência estadunidense. Alguns dos fundadores do Somos tiveram experiências no exterior, tal como João Silvério Trevisan, que viveu por três anos no México e nos Estados Unidos, e João Antônio Mascarenhas, que manteve correspondência e assinou jornais e revistas, tendo acesso às informações do Gay Liberation americano (Facchini, 2005; Câmara, 2002).

O grupo Somos foi marcante no contexto dos movimentos homossexuais, por ser o primeiro a centrar suas discussões em tor-

---

21. O fim do *Lampião*, em 1981, deu lugar a uma imprensa *gay* fortemente marcada por conteúdos pornográficos, que coincidia com o fim da censura e a abertura política do país. Ao contrário dessa nova imprensa *gay*, o *Lampião* era caracterizado por uma forte ênfase no conteúdo, a despeito da forma e do *design*, apresentando um acabamento pouco elaborado, o que comprometia até mesmo a legibilidade do periódico (Rodrigues, 2005).

22. Essa resistência ao uso do inglês pode ser enquadrada no clima nacionalista que fazia parte da intelectualidade da época. Outro exemplo disso é o termo "bléquis", que foi amplamente utilizado para se referir aos negros (*blacks*).

no de questões políticas: "A grande novidade foi o surgimento de uma nova atitude que, deixando de lado um certo sentimento de culpa, até então bastante comum mesmo que entre os homossexuais mais notórios, passou a reivindicar um espaço de respeitabilidade pública para a homossexualidade" (MacRae, 1990, p. 95).

Sendo o primeiro de uma série de grupos que começaram a surgir, a partir de 1978, o Somos se coloca no contexto de contestação cultural e dos movimentos sociais organizados que escapavam dos tradicionais movimentos classistas de base marxista.

Após o surgimento do Somos, uma série de outros grupos começaram a aparecer, alguns deles compostos por dissidentes do próprio Somos. Podemos citar algumas dissidências importantes, como o Adé Dudu, que militava na transversalidade entre a questão da homossexualidade e demandas sociais de afrodescendentes, o Galf[23] (Grupo de Ação Lésbico Feminista), que defendia a especificidade das lésbicas dentro do movimento homossexual, e os grupos Outra Coisa,[24] Eros e Libertos (MacRae, 1990).

As lésbicas fizeram história junto ao Somos e grupos dissidentes, mas foi no dia 19 de agosto de 1983 que as lésbicas brasileiras inauguraram o ativismo lésbico independente das outras categorias GLBTs. Nesta data comemora-se o dia da visibilidade lésbica, porque diversas lésbicas organizaram um protesto no Ferro's Bar. Este estabelecimento, localizado no centro de São Paulo, era majoritariamente frequentado por lésbicas, e alguns dias antes da

---

23. O Galf foi um dos poucos grupos que existem até hoje, e junto com o GGB, atravessaram a epidemia da Aids nos anos 1980 em atividade. O Galf hoje é conhecido como Rede de Informação Um Outro Olhar, e é citado e/ou discutido na obra de diversos autores, como MacRae (1990), Green (2000), Facchini (2005) e outros. Foi fundado por dissidentes do conhecido Somos e foi o primeiro grupo organizado de lésbicas no Brasil. Segundo Facchini (2005), a mudança de nome aconteceu quando o grupo assumiu o formato institucional de ONG.

24. O grupo Outra Coisa é um bom exemplo de uma dissidência do grupo Somos que se deu em virtude de um posicionamento voltado para a construção de uma militância homossexual independente das questões de classe (MacRae, 1990; Facchini, 2005).

manifestação o proprietário havia impedido algumas mulheres de venderem uma publicação lésbica chamada *ChanacomChana*.

O Dia da Visibilidade Lésbica sinaliza para o fato de que este segmento possui especificidades que precisam ser discutidas separadamente e que dentro do próprio movimento vicejam as desigualdades dos universos sociais mais amplos, como o racismo e o machismo.

O que essas dissidências já mostravam era a importância dos conflitos internos para a compreensão desse movimento, sendo até hoje comum questionamentos quanto ao tratamento das especificidades das diversas categorizações sociais que aí se misturam. Todavia, a tônica das discussões dentro e entre os grupos era sobre as relações que seriam estabelecidas com outros movimentos sociais, dividindo opiniões sobre as estratégias do movimento e sobre sua postura no que se refere à complexa questão do "gueto", que discutimos no Capítulo 3 (Facchini, 2005; MacRae, 1990).

É comum ouvirmos que a história da Aids se confunde com a da homossexualidade no Ocidente. Na década de 1980, o cenário do movimento homossexual brasileiro mudou bastante. Esta década é apontada como um momento de declínio do movimento homossexual. Em 1980 marcaram presença no I Egho (Encontro de Grupos Homossexuais) quinze grupos de vários lugares do Brasil; já o II Egho, que seria realizado em abril de 1981, só aconteceu em 1984 (Facchini, 2005).

Vários motivos são apontados para esse declínio: o fim do jornal *Lampião*, falta de recursos e infraestrutura dos grupos, inexperiência, ineficiência em mobilizar militantes, a crise econômica e, entre diversos outros, o fim da ditadura, que demandava uma reestruturação das estratégias militantes, ao mesmo tempo em que dava a impressão de que o país se redemocratizaria naturalmente. Essa impressão era ainda reforçada pela diminuição considerável da repressão e do preconceito pela via do mercado. Consequentemente, a mídia se mostrava um pouco mais disposta a dar visibilidade às temáticas *gays* e voz a militantes isolados (Facchini, 2005; MacRae, 1990).

Entretanto, o principal fator que veio a definir esses rumos foi a epidemia da Aids, a qual todos os grupos até hoje são obrigados a discutir de alguma forma. Alguns grupos, como o Triângulo Rosa, preferiram realizar uma militância mais afastada das políticas de prevenção, como forma de separar o estigma social da doença da homossexualidade (Câmara, 2002); já outros buscaram formas alternativas de conjugar os dois campos (Facchini, 2005).

Facchini (2005) argumenta que figuras importantes, e que vieram a se destacar nesse período, já se identificavam como pertencentes ao movimento homossexual na década [fase] anterior. Destacando os nomes de Luís Mott (GGB) e João Antônio Mascarenhas (*Lampião da Esquina* e Triângulo Rosa), afirma que estes, diferentemente de integrantes do grupo Somos, eram menos resistentes à institucionalização do movimento e menos vinculados a ideologias anarquistas ou de esquerda.

> Essas características permitiram que esse movimento não chegasse a desaparecer em meados da década de 1980, passando de uma ênfase antiautoritária e comunitarista para uma ênfase na garantia do direito à diferença e para uma tendência a estabelecer organizações de caráter mais formal que comunitário. (Facchini, 2005, p. 107)

O grupo Triângulo Rosa trazia consigo um caráter mais marcado pela política institucional, estabelecendo relações com partidos políticos e organizações da sociedade civil. Este grupo foi um dos responsáveis pela troca do termo "opção sexual" por "orientação sexual", e que hoje é amplamente utilizado; participou de ações contra a OAB; de ações que visavam alterar o Código de Ética do Jornalista; atuou na elaboração da Constituição Federal, entre outras coisas (Facchini, 2005; Câmara, 2002).

Esse estilo de militância influenciou fortemente as organizações posteriores, principalmente no pragmatismo das atuações e na tendência à institucionalização. Hoje percebemos que a maior parte dos grupos que constituem o movimento homossexual brasileiro se institucionaliza sob o formato de ONGs.

PRECONCEITO CONTRA HOMOSSEXUALIDADES

113

Segundo Parker (2002), as ONGs Aids e os grupos *gays* foram atores importantes no processo de transformar a vida *gay* em algo mais que comportamento sexual, colocando em pauta a possibilidade da expressão social. Essas organizações muitas vezes são vistas como pontes de comunicação entre comunidades *gays* locais e acontecimentos de universos mais amplos, abrindo espaços de sociabilidade que são democratizadores, atraindo pessoas que não têm acesso ao gueto, por condições econômicas desfavoráveis ou outros motivos.

A forte confluência entre os grupos GLBTs, das políticas de prevenção às DSTs/Aids, se deve também a questões estruturais, uma vez que o Ministério da Saúde disponibiliza recursos nesta área, chegando a financiar desde a distribuição de preservativos até eventos como as paradas. As políticas de prevenção seguiram a lógica de que construir uma comunidade *gay* sólida, baseada na solidariedade, seria mais eficaz na luta contra a Aids do que simplesmente informar e educar a população (Parker, 2002).

Mais do que atores políticos, esses grupos passaram a integrar as paisagens físicas do mundo *gay*, tomando a vida *gay* não apenas como subcultura sexual distintiva (ou culturas sobrepostas), mas um modo complexo e diverso de ser no contexto de uma comunidade sexual emergente (Parker, 2002).

Essa perspectiva mais institucional passou então a vigorar dentro do movimento homossexual, servindo de modelo para as subsequentes formas de agremiação, e a década de 90, que, segundo Parker (2002), foi a década das ONGs Aids e, na interpretação de Facchini (2005), a década de "reflorescimento do movimento homossexual brasileiro".

A história do movimento GLBT brasileiro que apresentamos até aqui é dividida por Facchini (2005) em três fases distintas: a "primeira onda", na qual se destacam o jornal *Lampião da Esquina* e o Grupo Somos; a "segunda onda", fortemente relacionada ao surgimento da epidemia de Aids nos anos 1980, destacando-se grupos como o Triângulo Rosa, do Rio de Janeiro, e o Grupo Gay da Bahia; e a "terceira onda", com o fortalecimento e a proliferação dos movimentos homossexuais a partir da década de 1990.

> Entre os mais de vinte grupos homossexuais identificados por MacRae (1985) no início da década de 1980 no Brasil, apenas três — O Dialogay, o GGB e o GALF/Rede Um Outro Olhar — sobreviveram à "crise" de meados dessa década, chegando, ainda que modificados, aos anos 1990. Entre transformações e reflorescimentos, as ações coletivas que se convencionou agrupar sob o nome "movimento homossexual" chegaram aos dias de hoje, sobrevivendo ao processo de "redemocratização", à falência de seu modelo de organização comunitário e autonomista e ao surgimento da Aids. (Facchini, 2005, p. 182)

Ramos (2005) afirma que na segunda metade dos anos 1990 presenciamos mudanças importantes nas discussões sobre homossexualidade em quatro esferas distintas: 1) Legislativo; 2) mercado e novos espaços de sociabilidade; 3) surgimento de novas entidades de defesa e, finalmente, 4) as paradas do orgulho.

Facchini (2005) demonstra que ao longo da década de 1990 houve um crescimento considerável no número de grupos militantes. Embora a autora não aceite que na década de 1980 tenha ocorrido simplesmente um declínio do movimento homossexual, concorda que quantitativamente esse declínio foi efetivo. Por outro lado, na década de 90, "não somente aumentou o número de grupos/organizações do movimento, como houve uma diversificação de formatos institucionais e propostas de atuação. Por outro lado, notam-se também uma ampliação da rede de relações sociais do movimento e a presença de novos atores" (Facchini, 2005, p. 149).

O número de grupos presentes nos encontros nacionais[25] (EBHO — Encontro Brasileiro de Homossexuais, ou EBLHO —

---

25. Para uma descrição detalhada da evolução destes encontros nacionais, ver Facchini (2005).

PRECONCEITO CONTRA HOMOSSEXUALIDADES

Encontro Brasileiro de Lésbicas e Homossexuais) permanece baixo até 1992. Até essa época, a maior parte dos grupos ativos vem do Nordeste e do Rio de Janeiro. Se na década de 1980 esses encontros eram realizados a cada quatro anos, na década de 1990 eles começaram a acontecer bienal ou anualmente e com um crescimento significativo no número de grupos presentes. Nota-se também um fortalecimento desses grupos na cidade de São Paulo, os quais passaram a desempenhar um protagonismo marcante no movimento nacional (Facchini, 2005).

No movimento paulista dessa fase destacam-se a Rede Um Outro Olhar, que antes se chamava Galf, e contava com militantes que já haviam militado no grupo LF (Lésbico Feminista), que era um subgrupo do Somos, o grupo Corsa (Cidadania, Orgulho, Respeito, Solidariedade e Amor) e a APOGLBT/SP (Associação da Parada do Orgulho GLBT de São Paulo).

O grupo Corsa[26] nasce da convivência de jovens homossexuais que inicialmente buscavam processos terapêuticos e discussões de grupo sobre temas relativos a problemas familiares, afetivos e sexuais e que aos poucos foram percebendo a necessidade de se estabelecer uma discussão sobre cidadania e uma militância homossexual de base. Facchini (2005) relata que o Corsa foi fundado em 1995, mas que foi registrado apenas em 1999/2000, quando obteve seu CNPJ e pôde receber financiamento de projetos. Este grupo deixa, como legado principal, o fato de ter sido um dos principais envolvidos na construção da Parada do Orgulho Homossexual GLBT de São Paulo, que hoje é o maior evento cívico de massa do planeta (Silva, 2006).

A primeira parada de São Paulo aconteceu no dia 28 de junho de 1996, e até sua terceira edição foi liderada pelo grupo Corsa. A partir da quarta parada, quando foi alcançado o número de sete mil participantes, foi constituída uma associação, com integrantes

---

26. Para um estudo detalhado sobre o grupo Corsa, ver Facchini (2005).

de todos os grupos que participavam da organização do evento, para trabalhar para o crescimento da mesma. Esta associação recebeu o nome de APOGLBT/SP.

A APOGLBT/SP[27] foi criada em 1999, pelos grupos que organizavam a Parada GLBT na cidade de São Paulo. Registrar a entidade e receber um número de CNPJ significava a possibilidade de obter recursos e agregar de forma mais organizada seus membros, que em sua maioria faziam parte de outros grupos.

No contexto da militância GLBT no Brasil, tem sido cada vez mais importante o papel da ABGLBT[28] (Associação Brasileira de Gays, Lésbicas, Bissexuais e Transgêneros), que vem agregando entidades de todo o Brasil, promovendo ações e redes de intercâmbio. A ABGLT foi criada em 31 de janeiro de 1995 na cidade de Curitiba, tendo comparecido 120 participantes de 31 grupos de diversos estados do Brasil (Silva, 2006).

Esta organização tem feito a ponte entre a diversidade dos grupos espalhados por todo o Brasil e as políticas sociais mais amplas, promovendo intercâmbio entre os diversos grupos, entre os grupos e militantes brasileiros com experiências organizativas de outros países e entre os grupos e as políticas públicas governamentais para o segmento GLBT.

A ABGLT tem sido responsável por abrir diversas discussões sobre direitos civis em âmbito nacional, influenciando na adoção de políticas públicas e fazendo pressão junto a políticos do Legislativo. O projeto Aliadas — Compromisso com o Respeito e a Igualdade — é uma iniciativa da ABGLT, e tem como objetivo fazer

---

27. Mais informações sobre a APOGLBT/SP podem ser encontradas diretamente no *site* da entidade: <http://www.paradasp.org.br>.

28. Importante ressaltarmos que a Liga Brasileira de Lésbicas foi formada em oposição ao grupo que constitui a ABGLT, por acreditar que esta instituição ainda reproduz as hierarquias patriarcais da sociedade e que dentro dela as mulheres estariam condicionadas a lugares de subordinação.

pressão junto aos parlamentares para a aprovação de leis que favoreçam a cidadania GLBT. Recentemente formou-se a Frente pela Cidadania GLBT, composta por 215 parlamentares, com a qual a ABGLT negocia diretamente.

Atualmente a ABGLT e outros agentes sociais têm sido um dos principais atores de articulação do Programa Brasil Sem Homofobia, uma política pública do governo federal que pretende causar grande impacto no País. O projeto Somos, também de âmbito nacional, tem sido executado localmente pelos associados da ABGLT, que por sua vez centraliza e coordena os resultados nacionais deste projeto, que pretende capacitação de grupos GLBT nas áreas de prevenção e assistência em HIV/Aids e a defesa e promoção dos direitos humanos.

Além disso, empreende ações no campo legislativo para a aprovação de leis, pressiona as instituições competentes para a garantia de recursos de prevenção a DST/Aids, defende o estado laico e atua junto à Resolução Brasileira na ONU, sobre orientação sexual e direitos humanos.

Como temos visto, o processo de construção dos movimentos sociais GLBTs é longo, multideterminado e interrelacionado aos diversos campos da vida social, como a cultura, a política, a saúde, a educação e outros. No entanto, a questão que permanece e que é o centro da problemática instalada na sociedade atual é como apontar para as questões da hierarquização e das múltiplas formas de inferiorização a que pessoas e grupos não heterossexualmente orientadas estão sujeitas.

Se nosso argumento central neste livro permite algum pensamento conclusivo, ele deve ser reinterpretado pela história das ações coletivas GLBTs, que buscam, em diferentes contextos históricos, introduzir as questões homossexuais na esfera da política e, para tal, incidem sobre a desconstrução do uso de uma gramática moral para o campo público. Só assim o preconceito pode ser interpretado como um suposto paradoxo que constitui a máxima de não vermos o invisível como uma das formas de sustentar inferiorizações, anular relações de opressão e encurtar o campo da democracia, que deveria ter como princípio a emergência de novos sujeitos políticos que introduzem uma dinâmica de democratização nas relações de poder.

Capítulo 6

Para continuidades...

A complexidade das temáticas relativas às homossexualidades, como tentamos apontar, exige de nós um pensamento não conclusivo. É bastante cedo para afirmarmos que as homossexualidades se encontram em processo de reconhecimento social e político, mesmo que muitos avanços na democracia brasileira tenham sido alcançados nos últimos anos. Ainda não conhecemos todas as implicações que esta forma de subalternidade pode ter gerado ao longo da história, na produção/manutenção das hierarquias da invisibilidade. As articulações do preconceito sexual com outras formas de subalternização, tais como de classe, raça e muitas outras, ainda são pouco conhecidas no Brasil e merecem grandioso empenho de investigação para que tenhamos maior capacidade de intervenção nos processos de democratização social e sexual. Parece-nos urgente que pesquisas científicas busquem compreender com mais precisão como a articulação de hierarquias que geram subalternização de grupos sociais se entrelaça, se sobrepõe e cria formas de opressão e violência que, apesar de todo o sofrimento que causam, permanecem ocultadas. As experiências sociais elaboradas a partir das formações complexas de classes sociais e interclasses no Brasil, dos inúmeros mecanismos institucionais e sociais da inferiorização por raça e das mais variadas expressões de humilhação social de homossexuais criam formas de preconceito e subalternidade que merecem nossa atenção. A relação entre as diversas formas de inferiorização, para além de uma somatória ou entrelaçamento, indica que há em determinados momentos históricos pontos nodais que articulam as outras formas de preconceito. Na verdade, não são pontos que sintetizam os outros, mas que representam naquele momento o nó que sustenta outras inumeráveis variações, motivo pelo qual podemos encontrar hoje formas de violência que emergem como racistas mas expressam-se como homofóbicas; muitas vezes nascem como criminalização da pobreza, mas expressam-se como racistas e vice-versa. A nosso ver, estudos aprofundados sobre a constituição destes pontos nodais são urgentes para a compreensão das formas de subalternidades em sociedades que desenvolvem controle social, e não a reparação de algumas das formas de violências que temos vivido na contemporaneidade.

Como tentamos demonstrar, o mecanismo do preconceito, ainda que bastante difuso, pode ser diagnosticado e denunciado. Necessitamos de um esforço grandioso de pesquisas, ações coletivas e práticas sociais inovadoras, que sejam capazes de desvelar a estrutura e a dinâmica do preconceito sexual e suas consequências para a manutenção das formas de subalternização de grupos e indivíduos na sociedade brasileira. Um início pode ser observado no esforço de algumas ciências em desconstruir mitos e crenças que se transformaram em legados científicos, permitindo sofisticar ainda mais os mecanismos diretos da inferiorização de homossexuais em nosso país, mas este é apenas um primeiro passo de um longo caminho que ainda está por ser trilhado na tentativa de compreender e intervir sobre nossas instituições sociais.

Desta forma os movimentos sociais GLBTs são fundamentais, pois temos visto que a heteronormatividade e suas consequências só são interpeladas a partir da pressão social e política que grupos

PRECONCEITO CONTRA HOMOSSEXUALIDADES

sociais são capazes de inventar. Ainda assim, não é menos importante compreendermos as dinâmicas dos movimentos sociais GLBT, pois como um dos atores legítimos da arena pública brasileira, merece a consolidação de um pensamento científico-crítico capaz de apontar as consequências das articulações identitárias e políticas que aí se ensejam e dos significados que este alargamento da esfera pública poderá trazer para as identidades individuais. A subversão do registro da moral para a interpelação das hierarquias criadas pela invisibilidade e pelo preconceito nos parece fundamental.

No campo da educação esta ainda é uma questão bastante recente e de importância estratégica, já que muitos dos mecanismos de inferiorização e de formas de subalternidade passam pelos processos educativos. E neste campo ainda há um enorme abismo entre o que se propaga nas principais legislações e diretrizes e o que realmente acontece no cotidiano das escolas e instituições educativas.

Um passo importante que vem sendo dado no âmbito das universidades é a tentativa de consolidar os núcleos de pesquisa sobre direitos e cidadania GLBT. Mesmo que funcionando com diversas precariedades e tendo que enfrentar a homofobia mesclada a mecanismos ideológicos que violam as meritocracias, as universidades podem colaborar na construção de uma memória da subalternidade homossexual, já que muitas vezes na história não encontramos referências capazes de reconhecimento positivo.

O que vem sendo realizado pelos diversos movimentos sociais pode ser visto como um ato de criação de memória no presente. A memória é fundamental para sabermos quem somos. Não há um povo que quando retirada a sua memória consiga manter a sua dignidade, porque não se nomeia mais como povo humano. Da população GLBT foi retirado o passado. Não conhecemos essa memória, e isso causa não só um ato de violência aos direitos humanos de toda uma sociedade, como muitas impossibilidades de reconhecimento da população GLBT no tempo presente como parte integrante desta sociedade. Não por outro motivo, temos observado uma grande disputa dessas lembranças, pois, como experiência desperdiçada, a história da homossexualidade termina por ser uma imagem de nós mesmos e de nossa sociedade, mas ainda muito personificada para se transformar um objeto público de acesso aos cidadãos. A memória não é só o passado, mas se atualiza com atos do presente. A história, por sua vez, pode ser compreendida como a memória dos grupos sociais em disputa. Neste sentido, devemos reconhecer a importância dos movimentos sociais, ONGs, grupos GLBTs, estados, universidades e pessoas que batalharam e lutam cotidianamente para introduzir na memória de nossa sociedade aquilo que outrora foi um segredo. Devemos inserir em nosso trabalho, nossos projetos políticos e nossas instituições, formas de reescrever nossa história, dando voz a experiências silenciadas. Até outro dia, não sabíamos como fazer para introduzir as aflições e os anseios de pessoas que se atrevem a dizer o nome de um amor, a pronunciar no seu corpo, na sua voz, na sua presença, na sua literatura, na sua aula, no seu trabalho, o desejo de construir para si o direito de decidir como viver, como quer buscar o seu prazer, como quer o seu corpo e com quem quer dividir o seu desejo. Hoje sabemos mais, porém ainda é pouco. Isso nos exige coragem e criatividade!

Assim, convocamos o leitor para, por meio dessa leitura inicial, buscar formas de participar das lutas do cotidiano e pela inserção das questões GLBT na pauta de uma política de Estado para a educação, a saúde, a cultura etc. Só com o engajamento significativo poderemos pensar o país a partir da multiplicidade de suas experiências do presente, da memória que outrora fora violentamente silenciada. Queremos pensar o país escutando tais experiências porque, se um dia subordinadas, poderão realizar-se como atos de mudança ao ser reconhecidas.

Para colaborar com este caminho, que esperamos que o leitor continue a realizar, indicamos a seguir materiais bibliográficos em

PRECONCEITO CONTRA HOMOSSEXUALIDADES

formatos eletrônicos e papel, bem como filmes e *sites* na internet que podem ajudar a construir argumentos e oferecer recursos para o corajoso trabalho de celebrar a diferença na inserção da homossexualidade como um elemento a mais na democratização das sociedades.

Não seria necessário alertar que a seleção aqui feita não expressa a totalidade dos recursos disponíveis, mas esperamos que nesta breve seleção o leitor encontre elementos para aprofundar seus interesses e mais um instrumento para que nenhum grupo precise refundar sua própria memória. Em outras palavras, esperamos que possa continuar lendo... assistindo... interagindo... escrevendo e pesquisando... e/ou militando!!!

Como afirmamos, este livro pretende ser apenas uma porta de entrada para um universo muito amplo e diversificado de conhecimentos, que se materializa dentro e fora do universo acadêmico por meio do crescimento vertiginoso de publicações, na proliferação de debates e querelas conceituais e na inserção destas temáticas nos produtos culturais e no mercado como um todo.

Como a sexualidade é um fenômeno que transcende quaisquer delimitações disciplinares, estudos complementares podem ser identificados em inúmeras frentes de reflexão, como a política, a psicologia, a sociologia, a antropologia, a história, a comunicação, a literatura etc. Para que o leitor possa dosar sua entrada neste tema na medida exata de seu interesse e motivações, listamos abaixo algumas indicações que nos pareceram instigantes e caminhos que podem ser úteis para que possa continuar construindo saberes sobre estas temáticas.

Para continuar *lendo*...

Além das referências bibliográficas que utilizamos neste livro, e que constituem excelentes indicações de leitura, remetemos o leitor a duas bibliografias importantíssimas que podem, com certeza, ajudar a uma localização neste campo em construção.

A primeira bibliografia se encontra no *site* Bilio-homo: bibliografia e biblioteca sobre homossexualidade no Brasil, organizado por Luís Mott, Laffayete Alvares Junior e Daniel Rodrigues e se encontra disponível em: http://bibliohomo.marccelus.com. Esta bibliografia apresenta um levantamento bem amplo da produção sobre as temáticas GLBT no Brasil e no mundo e traz desde referências a publicações mais antigas até mais recentes. Neste *site* estão incluídas dicas de como encontrar materiais sobre temáticas específicas. Neste levantamento consta a obra do prof. dr. Luís Mott, que devido a sua extensão não mencionaremos aqui, mas ressaltamos sua importância. Além de um importante militante pelos direitos dos homossexuais, Luís Mott foi professor da Universidade Federal da Bahia e tem mantido inúmeras publicações sobre esta temática. O Grupo Gay da Bahia, fundado por Luís Mott, possui um rico arquivo sobre a história da homossexualidade no Brasil, principalmente sobre as movimentações políticas que se organizaram no Brasil nas últimas décadas (<www.ggb.org.br>).

O segundo levantamento bibliográfico foi organizado por Lance Arney, Marisa Fernandes e James Green, e traz indicações comentadas de trabalhos importantes produzidos no âmbito acadêmico. Intitulada *Homossexualidade no Brasil: uma bibliografia anotada*, este levantamento priorizou as publicações do campo das ciências humanas, foi publicado no volume 10, n. 18/19 da revista *Cadernos AEL: Sociedade, Movimento e Lutas*. Esta revista, que também pode ser considerada uma excelente fonte de pesquisas sobre as homossexualidades, é publicada pela Unicamp, que foi um dos principais polos de produção destes estudos em nosso país, e é editada na Unicamp pela equipe do Arquivo Edgar Leuenroth, que, por sua vez, oferece uma enorme coleção de materiais sobre homossexualidades (http://www.ifch.unicamp.br/ael).

Uma pesquisa sobre homossexualidade no Brasil não poderia estar completa sem um passeio pela *bibliografia clássica*. Desde o fim dos anos 1970, principalmente na antropologia, autores vêm pesquisando este tema, dentre os quais destacamos os trabalhos de Fry (1982), MacRae (1990), Green (2003) e Trevisan (2004).

Um importante autor que também gostaríamos de destacar é o psicanalista Jurandir Freire Costa, que, além de livros e artigos importantes (Costa, 1995a, 1995b, 1996, 2002), pode ser lido no site <http://jfreirecosta.sites.uol.com.br>.

Para se informar sobre homofobia, indicamos o site <http://homofobia.com.sapo.pt>.

Além de leituras acadêmicas, o leitor pode encontrar literaturas e revistas informativas na internet, livrarias e em bancas de revistas, que oferecerão registros de um imaginário e uma memória em andamento, e que a mídia hegemônica ainda insiste em ignorar ou estereotipar.

Para continuar *assistindo...*

As homossexualidades, exatamente por desafiarem valores arraigados de nossa cultura, serviram de temática para uma infinidade de filmes e outras produções culturais. Com a proliferação destas discussões na arena pública, as produções cinematográficas contemporâneas constituem uma ferramenta indispensável para (re)pensarmos as hierarquias sexuais e as identidades sexuadas. No endereço http://paginas.terra.com.br/lazer/filmesgays podemos encontrar uma lista relativamente ampla de filmes. Nosso reduzido espaço nos permite destacar apenas oito, entre muitos:

> *Kinsey. Vamos falar de sexo.* (Kinsey, EUA, 2004)
> Direção: Bill Condon
> <http://www.foxsearchlight.com/kinsey/>

Parágrafo 175 (Alemanha, 2000)
Direção: Rob Epstein e Jeffrey Friedman
<http://www.tellingpictures.com/paragraph175/main.html>

Madame Satã (Brasil, 2002)
Direção: Karim Aïnouz

Bent (Inglaterra, 1997)
Direção: Sean Mathias

Brokeback Mountain (EUA, 2005)
Direção: Ang Lee
<http://www.brokebackmountain.com.br/>

C.R.A.Z.Y. (Canadá, 2005)
Direção: *Jean-Marc Vallée*
<www.ocean-films.com/crazy>

Minha vida em cor-de-rosa (Bélgica, 1997)
Direção: Alain Berliner

Meninos não choram (EUA, 1999)
Direção: Kimberly Peirce

Para continuar *interagindo...*

Como já deve ter ficado claro, se acompanharmos a quantidade de endereços virtuais que constam neste trabalho, a internet é um poderoso instrumento de pesquisa, de socialização e até mesmo de empoderamento para homossexuais e para todos aqueles que se interessem sobre este universo.

Além de ler sobre este tema, consideramos fundamental que o leitor mais interessado busque interagir com pesquisadores, militantes e/ou profissionais que habitam o universo GLBT. Neste

PRECONCEITO CONTRA HOMOSSEXUALIDADES

sentido, destacamos a importância das listas virtuais de discussão que, amplamente frequentadas, servem de veículo para trocas de informações. Das dezenas de listas possíveis que o leitor pode facilmente encontrar por intermédio dos *sites* de busca, destacamos duas:

Lista GLS: <http://br.groups.yahoo.com/group/listagls/>
Esta lista, dirigida à comunidade GLBT, é uma das mais antigas do Brasil e nela podem ser encontradas reflexões e debates concernentes à homossexualidade e direitos, bem como educação e sexualidade.

Lista Gaylawyers: <http://br.groups.yahoo.com/group/gaylawyers/>
Lista que congrega advogados, militantes e juristas com a colaboração de interessados nas temáticas GLBTs. Foco especial na promoção e divulgação dos direitos homossexuais no Brasil.

Para continuar *militando...*

Caso o leitor se sinta impelido a fazer parte deste momento histórico, contribuindo para o desenvolvimento de ações políticas por meio dos movimentos sociais organizados, pode buscar, dentre as centenas de grupos espalhados por todo o Brasil, aquele que mais se adequar aos seus anseios e capacidades.

Como deixamos claro no Capítulo 5, os grupos organizados aumentaram exponencialmente em número, diversidade e importância nos últimos anos, o que nos impede de referenciar todos. Uma forma de descobrir um grupo militante que combine com você é realizar uma pesquisa no *site* da Associação Brasileira de Gays, Lésbicas, Travestis e Transsexuais (<http://www.abglt.org.br>), que atualmente abriga inúmeros grupos organizados de diferentes regiões do Brasil.

Para buscar informações sobre direitos e jurisprudência sobre estas temáticas, indicamos o *site* da desembargadora Maria Berenice

Dias, do Rio Grande do Sul: <http://www.mariaberenicedias.com. br/site>.

Para continuar *escrevendo e pesquisando...*

Finalmente, o leitor é convidado a expandir esse trabalho por meio de reflexões críticas sobre as afirmações contidas aqui, ou ainda, desenvolvendo novas questões e inquietações.

Este livro é fruto de pesquisas acadêmicas realizadas no âmbito do Núcleo de Pesquisa de Psicologia Política da Universidade Federal de Minas Gerais (<www.fafich.ufmg.br/npp>) e no Núcleo de Pesquisa em Direitos Humanos e Cidadania GLBT (NUH) da UFMG. Em diversas universidades do país já existem núcleos e grupos de pesquisas que têm desenvolvido estudos e reflexões sobre as diferentes temáticas GLBTs a partir das mais distintas disciplinas acadêmicas. No *site* do Programa Brasil sem Homofobia, da Secretaria Especial de Direitos Humanos da Presidência da República (<http://www.presidencia.gov.br/estrutura_presidencia/sedh/ brasilsem/>), o leitor poderá acessar a lista de universidades que organizaram nos últimos anos grupos de pesquisas sobre a cidadania GLBT.

Referências bibliográficas

ABEH. Discursos da diversidade sexual: lugares, saberes, linguagens. In: CONGRESSO DA ASSOCIAÇÃO BRASILEIRA DE ESTUDOS DA HOMOCULTURA, 3., *Anais...*, Belo Horizonte, 5 a 7 jul. 2006.

ADELMAN, M. Paradoxos da identidade: a política de orientação sexual no século XX. *Revista de Sociologia e Política*. Curitiba, n. 14, p. 163-171, jun. 2000.

ADORNO, T.; HORKHEIMER, M. *Temas básicos de Sociologia*. São Paulo: Cultrix, 1973.

ALVAREZ, S.; DAGNINO, E.; ESCOBAR, A. (Orgs.). Cultures of politics/politics of cultures: re-visioning Latin American Social Movements. Colorado: Westview Press, 1998.

ANSARA, S. *Memória política da ditadura militar e repressão no Brasil*: uma abordagem psicopolítica. Tese (Doutorado) — Programa de Estudos Pós-Graduados em Psicologia Social, Pontifícia Universidade Católica, São Paulo, 2005.

ARNEY, L.; FERNANDES, M.; GREEN, J. Homossexualidade no Brasil: uma bibliografia anotada. *Cadernos AEL*, Campinas, Unicamp/IFCH/AEL, v. 10, n. 18/19, 2003.

BARRET, M. Ideologia, política e hegemonia: de Gramsci a Laclau e Mouffe. In: ZIZEK, S. *Um mapa da ideologia*. Rio de Janeiro: Contraponto, 1996.

BERNSTEIN, M. Celebration and suppression: the strategic uses of identity by the lesbian and gay movement. *The American Journal of Sociology*. Chicago, p. 531-535, nov. 1997.

BRAVMANN, S. *Queer fictions of the past*: history, culture, and difference. Cambridge: Cambridge University Press, 1997.

BRASAS, J. A. H. *La sociedad*: una invisible minoria. Madrid: Foca, 2001.

BRAZ, C. Macho *versus* macho — um olhar antropológico sobre práticas homoeróticas entre homens em São Paulo. In: SEMINÁRIO INTERNACIONAL FAZENDO GÊNERO, 7., *Gênero e preconceitos*. Florianópolis, 2006a. Disponível em: <http://www.fazendogenero7.ufsc.br/artigos/C/Camilo_Albuquerque_de_Braz_51.pdf>. Acesso em: 7 jul. 2007.

_____. Macho *versus* macho: a produção discursiva da hipermasculinidade em alguns contextos homoeróticos na cidade de São Paulo. Disponível em: <http://www.artnet.com.br/~marko/camilo1.htm>. Acesso em: 15 out. 2006b.

BREMMER, J. Pederastia grega e homossexualismo moderno. In: BREMER, J. (Org.). *De Safo a Sade*: momentos da história da sexualidade. Campinas: Papirus, 1991.

BUTLER, J. *Gender trouble*: feminism and the subversion of identity. New York: Routledge, 1990.

CÂMARA, C. *Cidadania e orientação sexual*: a trajetória do grupo Triângulo Rosa. Rio de Janeiro: Academia Avançada, 2002.

CAMINO, L. et al. Um estudo sobre as formas de preconceito contra homossexuais na perspectiva das representações sociais. *Psicologia: Reflexão e Crítica*. Porto Alegre, n. 15, p. 165-178, 2002.

CARRARA, S. et al. *Política, direitos, violência e homossexualidade:* Pesquisa 9ª Parada do Orgulho GLBT — São Paulo, 2005. Rio de Janeiro: CEPESC, 2006. 79 p.

CARRARA, S., RAMOS, Silvia; CAETANO, Marcio (Coords.). *Política, direitos, violência e homossexualidade*: 8ª Parada do Orgulho GLBT – Rio 2003. Rio de Janeiro: Pallas, 2003. 118 p.

CASS, V. Homosexual identity formation: a theoretical model. *Journal of Homosexuality*. San Francisco State University, n. 4(3), p. 219-235, 1979.

CASTRO, M. Alquimia de categorias sociais na produção de sujeitos políticos. *Revista Estudos Feministas*. Rio de Janeiro, n. 0, 1992.

CHAUI, M. *Brasil*: mito fundador e sociedade autoritária. São Paulo: Editora da Fundação Perseu Abramo, 2000.

CHAUI, M. Contra a violência. Disponível em: <http://www.pt.org.br/site/noticias/noticias_int.asp?cod=48538>. Acesso em: 4 abr. 2007.

CÓRDOBA, D. Identidade sexual y performatividad. *Athenea Digital*, n. 4, p. 87-96 (otoño), 2003. Disponível em: <http://antalya.uab.es/athenea/num4/cordoba.pdf>. Acesso em: 5 set. 2003.

COSTA, J. F. A construção cultural da diferença dos sexos. *Sexualidade, Gênero e Sociedade*, Rio de Janeiro, ano 2, n. 3, jun. 1995a.

_____. *A face e o verso*: estudos sobre o homoerotismo II. São Paulo: Escuta, 1995b.

_____. O referente da identidade homossexual. In: PARKER, R.; BARBOSA, R. (Org.). *Sexualidades brasileiras*. Rio de Janeiro: Relume Dumará; Abia: IMS/UERJ, 1996.

_____. *A inocência e o vício*: estudos sobre o homoerotismo. 4. ed. Rio de Janeiro: Relume-Dumará, 2002.

CROCHIK, J. L. *Preconceito, indivíduo e cultura*. São Paulo: Robe, 1997.

DANTAS, B. *O masculino na mídia*: repertórios sobre masculinidade na propaganda televisiva brasileira. Dissertação de mestrado. Programa de Estudos Pós-Graduados em Psicologia Social, PUC-SP, 1997. Disponível em: <http://www.papai.org.br/textos/txt-tese-medrado.pdf>. Acesso em: 13 set. 2006.

ELIAS, N. *A sociedade dos indivíduos*. Rio de Janeiro: Jorge Zahar Editor, 1994.

ENGEL, S. *The unfinished revolution*: social movement theory and the gay and lesbian movement. Cambridge: Cambridge University Press, 2001.

FACCHINI, R. *Sopa de letrinhas?* Movimento homossexual e produção de identidades coletivas nos anos 90. São Paulo: Garamond, 2005.

FÉRES-CARNEIRO, T. A escolha amorosa e interação conjugal na heterossexualidade e na homossexualidade. *Psicologia: Reflexão e Crítica*. Porto Alegre, v. 10, n. 2, 1997.

FERREIRA, B. *O risco do político*: crítica ao liberalismo e teoria política no pensamento de Carl Schmitt. Belo Horizonte: Editora UFMG, 2004.

FOUCAULT, M. *História da sexualidade I*: a vontade de saber. Rio de Janeiro, Graal, 1997.

FRANÇA, I.; SIMÕES, J. Do gueto ao mercado. In: GREEN, J.; TRINDADE, R. (Orgs.). *Homossexualismo em São Paulo e outros escritos*. São Paulo: Editora Unesp, 2005.

FRY, P. *Para inglês ver*: identidade e política na cultura brasileira. Rio de Janeiro: Jorge Zahar, 1982.

FRY, P.; MACRAE, E. *O que é homossexualidade*. São Paulo: Brasiliense, 1983.

GIDDENS, A. *A transformação da intimidade*: sexualidade, amor e erotismo nas sociedades modernas. São Paulo: Editora da Unesp, 1993.

GÓIS, J. Desencontros: as relações entre os estudos sobre a homossexualidade e os estudos de gênero no Brasil. *Revista Estudos Feministas*. Florianópolis, v. 11, n. 1, jan./jun. 2003.

GOSS, K. e PRUDÊNCIA, K. Conceitos de movimentos sociais. *Revista Eletrônica dos Pós-Graduandos em Sociologia Política da UFSC*. Florianópolis, v. 2, n. 1 (2), p. 75-91, jan./jul. 2004.

GREEN, J. *Além do carnaval*: a homossexualidade masculina no Brasil do século XX. São Paulo: Editora Unesp, 2000a.

PRECONCEITO CONTRA HOMOSSEXUALIDADES 133

GREEN, J. Mais amor e mais tesão: história da homossexualidade no Brasil. Entrevista por José Gatti. *Revista Estudos Feministas*. Florianópolis, v. 8, n. 2, p. 149-166, 2000b.

_____. A luta pela igualdade, desejos, homossexualidade e a esquerda na América Latina. *Cadernos AEL*. Campinas, Unicamp/IFCH/AEL, v. 10, n. 18/19, 2003.

_____; POLITO, R. *Frescos trópicos*: fontes sobre a homossexualidade masculina no Brasil. Rio de Janeiro: Editora José Olympio, 2004.

_____; TRINDADE, R. São Paulo anos 50: a vida acadêmica e os amores masculinos. In: _____; TRINDADE, R. (Orgs.). *Homossexualismo em São Paulo e outros escritos*. São Paulo: Editora Unesp, 2005a.

_____; TRINDADE, R. (Orgs.). *Homossexualismo em São Paulo e outros escritos*. São Paulo: Editora Unesp, 2005b.

HALL, S. *A identidade cultural na pós-modernidade*. Rio de Janeiro: DP&A, 2000.

HARAWAY, D. A cyborg manifesto. In: BELL, D.; KENNEDY, B. (Orgs.). *The cybercultures reader*. London: Routledge, 2000.

HEILBORN, M. Ser ou estar homossexual: dilemas de construção de identidade social. In: PARKER, R.; BARBOSA, R. (Orgs.). *Sexualidades brasileiras*. Rio de Janeiro: Relume Dumará; ABIA: IMS/UERJ, 1996.

HELLER, A. *Sociología de la vida cotidiana*. Barcelona: Ediciones Península, 1991.

HELLER, A. *O cotidiano e a história*. Rio de Janeiro: Paz e Terra, 1992.

HONNETH, A. *Luta por reconhecimento*: a gramática moral dos conflitos sociais. Tradução Luiz Repa. São Paulo: Editora 34, 2003.

HOWES, R. João Antônio Mascarenhas (1927-1998): pioneiro do ativismo homossexual no Brasil. *Cadernos AEL*. Campinas, Unicamp/IFCH/AEL, v. 10, n. 18/19, 2003.

KATZ, J. N. *A invenção da heterossexualidade*. Rio de Janeiro: Ediouro, 1996.

KUSCHNIR, K.; CARNEIRO, L. As dimensões subjetivas da política: cultura política e antropologia da política. *Cultura Política*. Rio de Janeiro, n. 24, 1999.

LACLAU, E. *La razon populista*. Buenos Aires: FCE, 2005.

_____; MOUFFE, C. *Hegemony & socialist strategy*: towards a radical democratic politics. London: Verso, 1985.

LEAL, O.; BOFF, A. Insultos, queixas, sedução e sexualidade: fragmentos de identidade masculina em uma perspectiva relacional. In: PARKER, R.; BARBOSA, R. (Orgs.). *Sexualidades brasileiras*. Rio de Janeiro: Relume Dumará; Abia: IMS/UERJ, 1996.

LEÓN, I. Globalización y exclusión social por orientación sexual. In: LEÓN, I.; MTETWA. P. (Eds.). *Globalización*: alternativas GLBT. Dialogo Sur/Sur GLBT. Quito, 2003.

LOURO, G. Teoria queer: uma política pós-identitária para a educação. *Revista Estudos Feministas* [on-line], v. 9, n. 2, p. 541-553, 2001. Disponível em: <http://www.scielo.br/scielo.php?script= sci_arttext&pid=S0104-0 26X2001000200012&lng=pt&nrm=iso>. Acesso em: 12 fev. 2005.

LOYOLA, M. Sexualidade e medicina: a revolução do século XX. *Cad. Saúde Pública*. Rio de Janeiro, v. 19, n. 4, 2003. Disponível em: <http:// www.scielosp.org/scielo.php?script=sci_arttext&pid=S0102-311X20030 00400002&lng=en&nrm=iso>. Acesso em: 21 abr. 2007.

MACHADO, F. V.; PRADO M. A. M. *Movimentos homossexuais*: a constituição da identidade coletiva entre a economia e a cultura. O caso de dois grupos brasileiros. *Revista Interações*: Estudos e pesquisas em Psicologia. São Paulo: Unimarco, v. X, n. 19, p. 42, jan./jun. 2005.

MACRAE, E. *A construção da igualdade*: identidade sexual e política no Brasil da "abertura". Campinas: Editora da Unicamp, 1990.

MACRAE, E. Em defesa do gueto. In: GREEN, J.; TRINDADE, R. (Orgs.). *Homossexualismo em São Paulo e outros escritos*. São Paulo: Editora Unesp, 2005.

MARSIAJ, J. Gays ricos e bichas pobres: desenvolvimento, desigualdade socioeconômica e homossexualidade no Brasil. *Cadernos AEL*. Campinas, Unicamp/IFCH/AEL, v. 10, n. 18/19, 2003.

MARTIN, D.; HETRICK, E. The stigmatization of the gay and lesbian adolescent. *Journal of Homossexuality*, n. 15(1-2), p. 163-183, 1988.

MATOS. M. *Reinvenções do vínculo amoroso*: cultura e identidade de gênero na modernidade tardia. Belo Horizonte: Editora UFMG; Rio de Janeiro: Iuperj, 2000.

MELUCCI, A. *Challenging codes*. Cambridge: Cambridge University Press, 1996.

MOTT, L. *O sexo proibido*: virgens, gays e escravos nas garras da Inquisição. Campinas: Papirus, 1989.

_____. *Violação dos direitos humanos e assassinato de homossexuais no Brasil*. Salvador: Grupo Gay da Bahia, 2000a.

_____. *O crime anti-homossexual no Brasil*. Salvador: Editora Grupo Gay da Bahia, 2002.

_____. *Homossexualidade*: mitos e verdades. Salvador: Editora Grupo Gay da Bahia, 2003.

_____. Em defesa do homossexual. *Boletin Informativo ILGA-LAC*, ano 1, n. 0, nov. 2000b. Disponível em: <http://www.geocities.com/ddhh_ilga_lac/bole00.htm>. Acesso em: 4 jun. 2004.

MOUFFE, C. Hegemony na new political subjects: toward a new concept of democracy. In: NELSON, C.; GROSSBERG, L. (Orgs.). *Marxism and interpretation of culture*. Chicago: University of Illinois Press, 1988.

MOUFFE, C. Democratic citizenship and the political community. In: MOUFFE, C. (Org.). *Dimensions of radical democracy*: pluralism, citizenship and community. London: Verso, 1992.

_____. *O regresso do político*. Lisboa: Gradiva, 1996.

_____. *On the political*. New York: Routledge, 2005.

OLAVARRÍA, J. Desejo, prazer e poder: questões em torno da masculinidade heterossexual. In: PARKER, R.; BARBOSA, R. (Orgs.). *Sexualidades pelo avesso*: direitos, identidades e poder. Rio de Janeiro: IMS/UERJ, 1999.

ORTIZ, R. *Mundialização*: saberes e crenças. São Paulo: Brasiliense, 2006.

PARKER, R. *Abaixo do Equador*: culturas do desejo, homossexualidade masculina e comunidade gay no Brasil. Rio de Janeiro/São Paulo: Record, 2002.

PETCHESKY, R. Direitos sexuais: um novo conceito na prática política internacional. In: PARKER, R.; BARBOSA, R. (Orgs.). *Sexualidades pelo avesso*: direitos, identidades e poder. Rio de Janeiro: IMS/UERJ, 1999.

POLLAK, M. A homossexualidade masculina, ou: a felicidade no gueto? In: ARIÉS, P.; BÉJIN, A. *Sexualidades ocidentais*: contribuições para a história e para a sociologia da sexualidade. São Paulo: Brasiliense, 1987.

PRADO, M. A. M. Da mobilidade social à constituição da identidade política: reflexões em torno dos aspectos psicossociais das ações coletivas. *Psicologia em Revista*, Belo Horizonte: Instituto de Psicologia PUC-Minas, v. I, n. 11, jun. 2002.

PRADO, M. A. M.; RODRIGUES, C.; MACHADO, F. V. A 8ª Parada do Orgulho GLBT de Belo Horizonte — Projeto Experimental de Caracterização dos Participantes da Parada GLBT de Belô. Relatório de Pesquisa do Núcleo de Pesquisa e Extensão em Psicologia Política da Faculdade de Filosofia e Ciências Humanas da Universidade Federal de Minas Gerais. Belo Horizonte, 2005.

_____. *Participação, política e homossexualidade*: 8ª Parada GLBT de Belo Horizonte. Belo Horizonte: Prefeitura Municipal de Belo Horizonte, 2006.

PRECIADO, B. Multitudes queer: Notas para una política de los "anormales". *Revista Multitudes*, n. 12, 2003. Paris. Disponível em: <http://multitudes.samizdat.net/rubrique.php3? id_rubrique=141>. Acesso em: 13 maio 2005.

PRECIADO, B. Retóricas del género. Políticas de identidad, performance, performatividad y prótesis. Disponível em: <http://www.uia.es/artpen/estetica/estetica01/frame.html>. Acesso em: 13 maio 2005.

RAMOS, S. Violência e homossexualidade no Brasil: as políticas públicas e o movimento homossexual. In: GROSSI, M. et al. *Movimentos sociais, educação e sexualidades*. Rio de Janeiro: Garamond, 2005.

RAMOS, S.; CARRARA, S. A Constituição da problemática da violência contra homossexuais: a articulação entre ativismo e academia na elaboração de políticas públicas. *Physis*, Rio de Janeiro, v. 16, n. 2, 2006.

RIOS, L. Parcerias e práticas sexuais de jovens homossexuais no Rio de Janeiro. *Cad. Saúde Pública*, Rio de Janeiro, n. 19 (Sup. 2), 2003.

RODRIGUES, C. *As fronteiras entre raça e gênero na cena pública brasileira*: um estudo da construção da identidade coletiva do movimento de mulheres negras. Dissertação de mestrado defendida na Faculdade de Filosofia e Ciências Humanas da Universidade Federal de Minas Gerais. Belo Horizonte, 2006.

RODRIGUES, J. A imprensa gay do Rio de Janeiro: linguagem verbal e linguagem visual. In: GROSSI, M. et al. *Movimentos sociais, educação e sexualidades*. Rio de Janeiro: Garamond, 2005.

ROHDEN, F. A construção da diferença sexual na medicina. *Cad. Saúde Pública*. Rio de Janeiro, v. 19, sup. 12, 2003.

RUBIN, G. Thinking sex: notes for a radical theory of the politics of sexuality. In: VANCE, Carole (Ed.). *Pleasure and danger*. Routledge & Kegan, Paul, 1984.

SAFFIOTI, H. Rearticulando gênero e classe social. In: COSTA, A. de O.; BRUSCHINI, C. (Orgs.). *Uma questão de gênero*. Rio de Janeiro: Rosa dos Ventos, 1992.

SANTOS, A. C. Orientação sexual em Portugal: para uma emancipação. In: SANTOS, B. S. (Org.). *Reconhecer para libertar*: os caminhos do cosmopolitismo multicultural. Rio de Janeiro: Civilização Brasileira, 2003.

SANTOS, A. C. Heteroqueers contra a heteronormatividade: notas para uma teoria queer inclusiva ["Straight-queers against heteronormativity: towards an inclusive queer theory"]. *Oficina do CES*, n. 239, nov. 2005. Disponível em: <http://www.ces.uc.pt/publicacoes/oficina/239/239. php>. Acesso em: 22 set. 2006.

SANTOS, B. de S. *Pela mão de Alice*: o social e o político na pós-modernidade. São Paulo: Cortez, 2000.

_____. Para uma sociologia das ausências e uma sociologia das emergências. *Revista Crítica de Ciências Sociais*. Coimbra, n. 63, p. 67-97, out. 2002.

_____. *A gramática do tempo*: para uma nova cultura política. São Paulo: Cortez, 2006.

SCHERER-WARREN, I. *Redes de movimentos sociais*. São Paulo: Loyola, 1993.

_____; KRISCHKE, P. *Uma revolução no cotidiano?* Os novos movimentos sociais na América Latina. São Paulo: Brasiliense, 1987.

SCOTT, J. W. O enigma da igualdade. *Estudos Feministas*. Florianópolis, n. 13(1): 216, jan./abr. 2005.

SILVA, A. A parada do orgulho gay como expressão da luta política dos movimentos GLBT. In: CONGRESSO LUSO-AFRO-BRASILEIRO DE CIÊNCIAS SOCIAIS, 8., *Anais...*, Coimbra: CES, 2004.

_____. *Marchando pelo arco-íris da política*: a parada orgulho LGBT na construção da consciência coletiva dos movimentos LGBT no Brasil, Espanha e Portugal. Tese de Doutorado. Programa de Estudos Pós-Graduados em Psicologia Social. São Paulo: Pontifícia Universidade Católica de São Paulo, 2006.

SILVA, F. Homossexualismo em São Paulo: estudo de um grupo minoritário. In: GREEN, J.; TRINDADE, R. (Orgs.). *Homossexualismo em São Paulo e outros escritos*. São Paulo: Editora Unesp, 2005a.

SILVA, F. Lembranças passadas a limpo: a homossexualidade masculina em São Paulo. In: GREEN, J.; TRINDADE, R. (Orgs.). *Homossexualismo em São Paulo e outros escritos*. São Paulo: Editora Unesp, 2005b.

PRECONCEITO CONTRA HOMOSSEXUALIDADES 139

SMIGAY, K. Sexismo, homofobia e outras expressões correlatas de violência: desafios para a psicologia política. *Psicologia em Revista*. Belo Horizonte, v. 8, n. 11, p. 32-46, jun. 2002.

STOER, S. Educação e globalização: entre regulação e emancipação. *Revista Crítica de Ciências Sociais*. Coimbra, n. 63, p. 67-97, out. 2002.

STONE, S. El imperio contra ataca: un manifiesto posttransexual, apareció originalmente como "The Empire Styrikes Back: A Posttransexual Manifesto". *Body Guards*, 1991. Disponível em: <http://www.estudiosonline.net/texts/stone_manifiesto.htm>. Acesso em: 27 abril 2003.

STROPASOLAS, V. *O mundo rural no horizonte dos jovens*. Florianópolis: Ed. UFSC, 2006.

TAJFEL, H. *Grupos humanos e categorias sociais*. Lisboa: Livros Horizonte, 1982.

TEJERINA, B. Movimientos sociales, espacio público y ciudadanía: los caminos de la utopia. *Revista Crítica de Ciências Sociais*. Coimbra, n. 72, p. 67-97, out. 2005.

TERTO JUNIOR, V. Homossexuais soropositivos e soropositivos homossexuais: questões da homossexualidade masculina em tempos de Aids. In: PARKER, R.; BARBOSA, R. M. *Sexualidades brasileiras*. Rio de Janeiro: Relume Dumará; Abia: IMS/UERJ, 1996.

TONELI, M.; ADRIÃO, K. Sexualidades masculinas: Perspectivas teórico-metodológicas. In: GROSSI, M. et al. *Movimentos sociais, educação e sexualidades*. Rio de Janeiro: Garamond, 2005.

TONIETTE, M. *Significados e sentidos de uma construção social a partir da trajetória de um militante*. Dissertação de mestrado. Programa de Psicologia Escolar e do Desenvolvimento Humano. São Paulo: USP, 2003.

TREVISAN, J. *Devassos no paraíso*: a homossexualidade no Brasil, da Colônia à atualidade. São Paulo: Record, 2004.

TRINDADE, R. Significados sociais da homossexualidade masculina na era Aids. *Cadernos AEL*, Campinas, Unicamp/IFCH/AEL, v. 10, n. 18/19, 2003.

TROIDEN, R. The formation of homosexual identities. *Journal of Homosexuality*. San Francisco University, n. 17, p. 43-73, 1989.

VEYNE, P. A homossexualidade em Roma. In: ARIÉS, P.; BÉJIN, A. *Sexualidades ocidentais*: contribuições para a história e para a sociologia da sexualidade. São Paulo: Brasiliense, 1987.

VILLAAMIL, F. Economía política del armario: políticas del silencio, políticas de la autenticidad. *Revista Psicología Política*, Belo Horizonte, n. 8, v. 4, jul./dez. 2005.

WELZER-LANG, D. A construção do masculino: dominação das mulheres e homofobia. *Revista Estudos Feministas*, Florianópolis, ano 9, 2º sem. 2001.

_____. Le Gueuloir Bi ou Comment la Biphobie Vient au Gais. *Revista Psicología Política*, Belo Horizonte, n. 4(8), p. 307-328, 2005.

WERNER, D. *Uma introdução às culturas humanas*: comida, sexo, magia e outros assuntos antropológicos. Petrópolis: Vozes, 1987.

Glossário

Antagonismos sociais — Relações sociais capazes de reconhecer como opressivas, relações de subordinação postas pela hierarquização de determinada sociedade. Demanda a desnaturalização e a historicização das formações simbólicas e estruturais, e constitui um dos elementos importantes para a politização de demandas coletivas.

Categoria social — Processo sócio-histórico e cognitivo por meio do qual criamos os estereótipos pela ação de introduzir, através da comparação, a simplicidade e a ordem onde coexistem complexidades e variações múltiplas e aleatórias.

Diversidade sexual — Expressa a noção de que há uma multiplicidade de identidades, desejos e práticas sexuais que envolve as relações humanas. Pode ser entendido como o oposto de unicidade ou monismo sexual. Muitos militantes rejeitam esta denominação por não implicar identidades e demandas específicas, além de incluir desejos e práticas por eles discriminadas (Ex.: zoofilia, pedofilia, coprofagia e muitas outras).

Hegemonia e contra-hegemonia — Hegemonia se refere à tentativa de descrever o conjunto de objetivações sociais que organiza hierarquicamente uma sociedade. A hegemonia é um sistema orgânico de significados e valores compartilhados por uma comunidade ou sociedade que dá sentido às vidas individuais e coletivas por meio de práticas que se confirmam reciprocamente. Enquanto totalidade, pode ser vista como paradoxal e incompleta, uma vez que para se estruturar nega aspectos que lhe constituem. A contra-hegemonia seria o processo social de desconstrução, ou reconstrução desta totalidade, uma vez que, para ser efetivamente contra-hegemônica, precisa desestabilizar esta totalidade rompendo os limites do sistema de relações sociais, ampliando assim o campo político, os princípios de cidadania e, consequentemente, modificando as possibilidades de ser e existir.

Homoafetividade — Referência a relações afetivas entre pessoas do mesmo sexo que criam laços afetivos e constituem formas de relações sociais e amorosas, podendo implicar ou não vivência sexual.

Homoerotismo — Nome dado ao processo (imaginário ou concreto) de investimento erótico e pulsional dos seres humanos em direção a uma pessoa do mesmo sexo. Utilizado geralmente com o objetivo de negar a existência de uma essência homossexual, refere-se apenas à qualidade da relação e não denota identidade.

Homossexualidade — Neste livro, significa apenas uma referência à contraposição da heterossexualidade. De um modo geral, refere-se à vivência, prática, desejo ou atração sexual entre indivíduos do mesmo sexo (homem/homem — mulher/mulher). Algumas definições mais essencialistas da homossexualidade diferenciam homossexuais de HSH (homens que fazem sexo com homens).

Identidade de gênero — Dimensão da construção da identidade relacionada ao posicionamento simbólico dentre as possibilidades de identificação e afirmação de feminilidades e masculinidades. Diferentemente do sexo, a identidade de gênero é uma construção histórica. A noção de identidade de gênero se baseia na noção de que o corpo biológico indica apenas as possibilidades de identificação, não sendo totalmente determinado por ele. Neste sentido, independente do sexo com o qual nasceu, alguém pode se identificar ou apenas desempenhar papéis sexuais do sexo oposto. Alguém pode nascer biologicamente em um sexo mas identificar-se com outro. Neste caso, pode ser desejável corrigir o próprio corpo, uma vez que o sexo psicológico não é compatível com o biológico (transexual).

PRECONCEITO CONTRA HOMOSSEXUALIDADES

Pode-se também modificar o próprio corpo em direção ao sexo oposto, sem negar a genitália (travesti). Outras identificações podem advir da diversidade de identificações de gênero possíveis, tais como *crossdressers*, *drag queens* ou *kings* (vestir-se exageradamente com roupas do sexo oposto). A identidade de gênero é independente da orientação sexual.

Invisibilidade — Processo por meio do qual se tornam implícitos formas de opressão e de expansão dos códigos sociais e morais. Pessoas que constroem suas identidades associadas a tais códigos tendem a ter aspectos de suas identidades ocultados em determinados âmbitos sociais (principalmente em espaços de poder e visibilidade) e até mesmo não aparecerem como sujeitos ou, ainda, aparecerem de forma parcial/inferiorizada.

Lutas democráticas — Processos de enfrentamento social que traduzem antagonismos em demandas coletivas simbólico-estruturais no âmbito público e tem como objetivo um alargamento do campo político.

Orientação sexual — Cunhado para escapar de termos como opção sexual, uma vez que a orientação sexual não se trata de uma escolha racional do sujeito. Orientação sexual indica o direcionamento da atração física e/ou emocional para pessoas do mesmo sexo (homossexual), do sexo oposto (heterossexual) ou de ambos os sexos (bissexual).

Reconhecimento — Sentimento e pensamento que exige a apreensão da realidade histórica do outro, entendido como sujeito de direitos.

Redistribuição — Processo de distribuição dos bens materiais e/ou imateriais acumulados em uma sociedade hierarquizada.

Sair do armário (*outing*) — Revelar publicamente a construção identitária (sentimentos, práticas e desejos) homossexual. Pode apresentar níveis distintos. Algumas pessoas se assumem apenas em âmbitos mais restritos e seguros, outras fazem disto um lema de vida, enfrentando o preconceito e a discriminação em âmbitos mais ousados. Sair do armário pode ser visto como uma ação política e, por isto, é motivo de divergências dentro dos movimentos GLBTs. Alguns acham importante denunciar a homossexualidade de vultos históricos e pessoas famosas (vivas ou mortas) e incentivam que todos se assumam publicamente; outros acham que sair do armário é uma questão extremamente pessoal e deve ser respeitada.

Visibilidade — Tornar visível algo que foi estrategicamente ocultado. Pode-se referir a tornar visível desde elementos identitários de uma vivência individual, nos âmbitos privado ou público, até elementos identitários partilhados coletivamente com vistas a produzir uma identidade política, interpelar a vida pública e inserir demandas na agenda política de uma sociedade.